消え果てた昭和の鉄道
名場面

1章　話題になった昭和鉄道トピックス

義経号が三度北海道へ梅小路の義経号が手宮線を走った ——— 6

高崎第一機関区の「SAYONARA SL」にたくさんの人が集まった ——— 8

伯備線の蒸気機関車にお召し列車の整備 ——— 10

山陽新幹線の岡山開業日 岡山発の一番列車から大勢の桃太郎が ——— 12

381系電車の甲種輸送をD51形が牽引 中央西線の非電化旧線を走る ——— 14

中央西線電化にむけて並ぶ381系の試運転とキハ181系 ——— 16

浮上式鉄道走行実験発進式 ——— 18

山陰本線・伯備線電化完成出発式 ——— 20

赤羽線10両編成運転出発式 ——— 22

野岩鉄道開業出発式 ——— 24

新幹線自動分割併合試験をドクターイエローで ——— 26

国鉄バスドリーム号 高速道路の整備に伴い各地へ ——— 28

2章　消え果てた昭和らしい鉄道シーン

上野発の客車列車 ——— 30

ゼロメートル地帯を走る都電小松川線 ——— 32

SL牽引の除雪車 ——— 34

車番は手描きとなった廃車を待つSL ——— 36

貨車からトラックに積荷を移す ——— 38

簡略化前のツートンカラー ——— 40

国鉄赤字化による塗色の簡略化 ——— 42

秩父鉄道三峰口駅に乗り入れている国鉄と東武 ——— 44

気動車王国といわれた四国 ——— 46

一円電車として日本一安かった明神電車 ——— 48

旧型客車 ——— 50

茶色と青色の客車で編成された列車 ——— 52

鉄道道路併用橋を渡る名鉄キハ8000系特急「北アルプス」 ——— 54

余剰となった機関車が並ぶ長町駅 ——— 56

ジョイフルトレインの展望車ブーム「オリエントサルーン」 ——— 58

眠る0系新幹線 ——— 60

東洋活性白土専用線を走る小さなSL ——— 62

特急が並ぶ上野駅 ホーム新幹線開業とともになくなる風景 ——— 64

EF30形とEF81形 電気機関車の世代交代 ——————————— 66

レッドトレイン 赤く塗られた客車 ————————————— 68

特急雷鳥に連結されて定期運行していた「ゆぅトピア和倉」——— 70

SL最終運行に向けてプレートを磨く ———————————— 72

3章　サヨナラローカル線

白糠線白糠駅に集まった人々 ————————————— 74

白糠線さよなら列車に乗った地元の少年たち ——————— 76

白糠線最終下り列車の窓から手を振る女子生徒 —————— 78

宮原線の最終日 馬で見送る地元の酪農家 ——————— 80

宮原線の最終日 町田駅で降りた地元高校生 —————— 82

宮原線の最終日「ディゼルくんさようなら!」の手書きのメッセージ —— 84

宮之城線の最終日お別れセレモニー ————————— 86

志布志線おわかれ列車の出発式 ——————————— 88

雪の士幌線糠平駅「さよなら士幌線しほろ号」を見送る人々 — 90

さようなら特急「ひばり」が発車する上野駅 ——————— 92

鹿児島交通枕崎線さようなら南薩線 ————————— 94

広尾線臨時「さよなら広尾線 ひろお号」—————————— 96

「さよなら幌内線 快速ほろない号」に多くの人が集まった ——— 98

廃線前から三笠鉄道村の展示予定車両が集められていた —— 100

「さようなら上山田線 」号 ——————————————— 102

4章　カメラマンが立ち合った鉄道ワンシーン

富良野線気動車とダンプカーの衝突事故 ———————— 104

木造貨車を廃車 廃棄方法は灰に ——————————— 106

石北本線特急事故車両の現場解体 —————————— 108

洪水による流出から復旧工事を行う富士川橋梁 ————— 110

事故復旧のために登場した操重車ソ80 ———————— 112

雪崩による脱線事故 ————————————————— 114

ブルートレイン14系客車をロビーカーなどに改造中 ———— 116

スローガン車両が並ぶ五稜郭機関区 ————————— 118

中央緩行線スローガン列車 —————————————— 120

5章　鉄道とともに変わる街の風景

高架工事中の吉祥寺駅 ————————————————— 122

日本万国博覧会モノレール ————————————————— 124

横浜港側から東横浜駅を見る ————————————————— 126

デルタ線を工事中の武蔵野線 ————————————————— 128

武蔵野貨物線建設工事中 ————————————————— 130

汐留駅の壮大な駅構内 ————————————————— 132

新幹線工事中の博多駅 ————————————————— 134

壮大な敷地のあるターミナルだった宇野駅 ————————————————— 136

夜の新鶴見操車場 ————————————————— 138

仙台駅前を走る仙台市交通局の市電 ————————————————— 140

京阪電車が地上を走っていた五条〜七条間 ————————————————— 142

東急文化会館があった頃の渋谷駅 ————————————————— 144

まだスカイラインに余白があった頃の浜松町駅 ————————————————— 146

6章　国鉄消滅の瞬間を撮った

さようなら国鉄「旅立ちJR西日本号」 ————————————————— 148

さようなら国鉄「旅立ちJR九州号」が最初に東京駅を出発 ————————————————— 150

国鉄最後の新駅仙石線東矢本駅が3月31日に開業した ————————————————— 152

国鉄最終日に駅名が改称された秋川駅 ————————————————— 154

特急車両からJNRマークがはがされた ————————————————— 156

東京駅旅行センターでも日本国有鉄道からJRの看板に ————————————————— 158

上野駅のきっぷ券売機にもJR線の文字が ————————————————— 160

仙台駅で国鉄の終電が見送られた ————————————————— 162

「旅立ちJR西日本号」車内では24時にJR化の歓迎式が始まった ————————————————— 164

深夜、山手線電車にJRのステッカーが貼られる ————————————————— 166

JR東日本の1番列車の出発式 ————————————————— 168

JR東海の出発式は東京駅東海道新幹線ホームで ————————————————— 170

鉄道警察隊の誕生 ————————————————— 172

※現在では禁止されている行為や、立ち入り禁止場所
への立ち入り、安全運行上問題のある写真についても、
撮影当時のおおらかだった鉄道シーンのひとつとして
掲載しています。

1 章

話題になった昭和鉄道トピックス

鉄道は日々変化し続けてきた。白紙ダイヤ改正時に限らず新線や新駅が開業し、線増や新型車両の投入が行われる一方で、廃線や廃車も進められた。それぞれの時点でさまざまなイベントやセレモニーが催されて、人々の記憶に残るトピックスを発信していた。

義経号が
三度北海道へ
梅小路の義経号が
手宮線を走った

「義経」北海道へ里帰り
「しづか」と再会を果たす

「義経」は北海道初の鉄道、官営幌内鉄道がアメリカから購入した7100形蒸気機関車の7105号機だ。7101号機は「弁慶」、7106号機は「しづか」と命名された。1Cテンダー機関車で、ダイヤモンド形の煙突やカウキャッチャーなど、アメリカの古典的な蒸気機関車らしい姿をしている。「義経」は1968（昭和43）年、1980（昭和55）年、2002（平成14）年、北海道に里帰りし、手宮線を走って「しづか」との再会を果たした。いわば、時空を超えた逢瀬だった。「義経」が廃車になったのは100年前の1923（大正12）年で、今は梅小路の「京都鉄道博物館」で保存されている。「しづか」の廃車は1917（大正6）年で、手宮駅跡に設けられた小樽市総合博物館にて静態保存されている。

廃車後、初めての里帰りを行った、ありし日の「義経」。思い出の手宮線を走り、手宮駅に到着した。手宮線は北海道初の鉄道、官営幌内鉄道の一部だった
1968年7月20日　撮影／荒川好夫

高崎第一機関区の「SAYONARA SL」に たくさんの人が集まった

さようなら蒸気機関車 大勢のファンが別れを惜しむ

　1970年前後、全国で国鉄の無煙化が進み、各地で蒸気機関車のお別れイベントが開かれた。八高線は1970（昭和45）年10月1日のダイヤ改正時に無煙化されることになり、蒸気機関車が所属する高崎第一機関区では、無煙化直前の日曜日だった9月27日に「SAYONARA SL」が開催された。首都圏から近いこともあり、大勢のファンが訪れて蒸気機関車との別れを惜しんだ。D51形259号機には9600形のシルエットと「SAYONARA SL 高崎鉄道管理局・鉄道友の会」が描かれたヘッドマークが掲げられた。同じ日、八高線の高麗川〜高崎間でD51形631号機とC58形309号機の重連で「さよならSL号」が運転された。

高崎第一機関区のSLお別れイベントに集まった人々。当然のようにテンダーに登って撮影する者も少なくなかったが、お咎めなしなのもこの時代ならではだった
1970年9月27日　撮影／河野豊

伯備線の
蒸気機関車に
お召し列車の整備

お召し列車牽引機の晴れ姿
蒸気時代最後の栄光を担う

　昭和天皇皇后両陛下は、1971（昭和46）年4月18日島根県三瓶山で催された第22回全国植樹祭にご臨席され、「お手植え」「お手まき」をされた。行幸啓、還幸啓のお召し列車は、岡山〜米子間を新見機関区のD51形が牽引することになり、入念な点検整備が進められた。お召し機のデフには鳳凰、前端梁軸箱の上部には菊紋が取り付けられている。栄えあるお召し列車の本務機は、手前のD51形838号機。同機は、1973（昭和48）年4月1日に新見〜岡山間で運転された伯備線無煙化のさよなら列車の牽引機ともなった。奥のD51形758号機は予備機で、伯備線のD51三重連定期運用最終日にはD51形889号機、D51形651号機と組んで、2492レ貨物列車を牽引した。

新見機関区のエースだったD51形838号機。現在は新見市南の鍾乳洞、井倉洞の駐車場前で静態保存されている。保存に際して、鳳凰のレプリカがデフに取り付けられた。鳳凰は新見藩主関家の家紋でもある
1971年4月20日　撮影／荒川好夫

「ひかりは西へ」
桃太郎軍団は東へ

「ひかりは西へ」をキャッチフレーズに、山陽新幹線新大阪駅～岡山駅間が開業したのは、1972（昭和47）年3月の国鉄ダイヤ白紙改正時だった。最速の「ひかり」は岡山駅～東京駅間を4時間10分、岡山駅～新大阪駅間を58分で結び、岡山県民にとっては日帰り出張時の東京での滞在時間に大幅にゆとりが生まれることになった。東京や首都圏の観光地がぐっと身近になると同時に関東方面から岡山への観光客の増加も期待できるとあって、岡山は喜びに沸いた。岡山駅は、山陽・九州、山陰、四国各方面へのハブ駅ともなり、多くの岡山駅発着の新幹線連絡列車が設定された。記念イベントも数多く、岡山と桃太郎が大いに名を馳せた年だった。

東京駅に到着した「岡山駅旅行友の会」の桃太郎軍団ご一行様。掲げたのぼりは「日本一」、犬、猿、雉もいた
1972年3月15日　撮影／河野　豊

中央本線田立〜南木曾間を
D51形に牽引されて長野方
面に向かう381系。手前の川
は木曽川。この区間は電化、
複線化の際に路線の付け替
えが行われ、田立駅の位置
が移動した
1973年5月19日
撮影／白井朝子

381系電車の甲種輸送をD51形が牽引
中央西線の非電化旧線を走る

SLに牽かれた電車特急
近代化直前の
ありえない光景

　中央本線の塩尻駅～名古屋駅間の西線区間は、東京駅～塩尻駅間の東線区間に比べて路線の近代化で遅れをとっていた。しかし1960

年代も後半に入ると、ようやく電化、複線化が進められ、1973（昭和48）年5月27日に西線全区間の電化が完成。同年7月10日から特急「しなの」はキハ181系気動車から381系電車への置き換えが始まった。「しなの」は1968（昭和43）年10月1日のダイヤ改正、いわゆる「ヨンサン

トオ」で名古屋～長野間に登場した特急だったが、曲線区間が多い中央西線がスピードアップの妨げになっていた。そこで自然振子式を採用し、曲線通過速度を20km/hもアップ可能な381系が投入されることになった。写真は過渡期の変化を映した貴重なひとコマだ。

中央西線電化にむけて並ぶ381系の試運転とキハ181系

気動車から振子式電車へ世代交代を象徴するシーン

　中央西線電化直前の印象深い1コマ。中央西線全線電化完成からおよそ1カ月半の間、381系振子式特急電車の試運転が行われた。キハ181系は、それまで気動車特急の主役だったキハ80系より大出力のエンジンを搭載し、中央西線はじめ、奥羽本線や土讃本線など急勾配区間を擁する路線に投入されてきた。それでも特急列車としてのスピードアップは思うにまかせず、出力や曲線通過速度のアップを目指して381系電車の開発が進められた。1973(昭和48)年7月10日から、それまで3往復だった特急「しなの」は5往復増発されて一気に8往復体制になった。その後2年間は381系電車とキハ181系が併用されたが、1975(昭和50)年に「しなの」全列車が381系電車による運行となった。

木曾福島駅で顔を並べたキハ181系「しなの」と試運転中の381系。木曾福島駅には数本の留置線があり、試運転の際の拠点駅になっていた　1973年6月　撮影／荒川好夫

浮上式鉄道
走行実験発進式

宮崎実験線での発進式
磁気浮上式鉄道
始動の現場

　かつて「夢の超特急」と呼ばれた新幹線は1964（昭和39）年10月に開業した。次なる「夢の鉄道」が磁気浮上式鉄道、リニアモーターカーで、国鉄は鉄道技術研究所（のちの鉄道総合技術研究所）で磁気浮上式鉄道の研究を進め、その成果を受けて本格的な実験線として建設されたのが宮崎実験線である。1977（昭和52）年に宮崎実験センターと1.3kmのガイドウェイが完成。9月21日に発進式が行われ、磁気浮上式鉄道の実験が始まった。1979（昭和54）年12月21日にML500が当時の世界最高速度517km/hを記録。1980（昭和55）年にはU字形軌道に改良され、有人走行車両MLU001が導入された。1997（平成9）年には超電導リニアの実用化を目指して山梨実験線が建設され、宮崎実験線の役割は終了した。向かって左でハサミを入れるのは高木文雄総裁。

リニアモーターカーML500の発進式のテープカット。この日から始まった宮崎実験線での研究から半世紀近い年月を経て、現在、中央新幹線品川〜名古屋間の建設が進められている
1977年9月21日　撮影／小野純一

山陰本線・伯備線電化完成出発式

山陰と山陽が
電車特急で直結
381系「やくも」の出発式

ホームに「祝　電化完成記念出発式」の文字が見える。特急「やくも」が運転を開始したのは1972（昭和47）年3月15日の山陽新幹線岡山開業時で、山陰と山陽を結ぶ新幹線の連絡特急として誕生した。以降、新幹線と「やくも」の乗り継ぎが首都圏や京阪神と米子、松江、出雲市などを結ぶ主要

ルートになった。運転開始から10年ほどはキハ181系が用いられていたが、さらなるスピードアップを目指して381系振子式特急電車が投入されることになり、「やくも」走行区間の電化工事が進められた。1982（昭和57）年7月1日、伯備線の全線と山陰本線の伯耆大山駅〜知井宮駅（現・西出雲駅）間で電化が完成し、特急「やくも」は381系に置き換えられ、電車特急となった。

山陰本線米子駅、電車特急「やくも」の出発式。この日から「やくも」は2往復増発されて8往復体制になった。伯耆大山〜知井宮は山陰本線の中ほどで、同線初の電化区間だった　1982年7月1日
撮影／荒川好夫

祝 赤羽線10両化運転開始
池袋駅赤羽線新ホーム完成

池袋駅の改良工事完成を
待って、赤羽線の10両編
成運転が開始された。10
両化を記念して、池袋駅1
番線（現・3番線）で行われ
た出発式の様子。ホーム
に赤い敷物が敷かれた
1983年10月2日
撮影／森嶋孝司

赤羽線10両編成運転出発式

**電車運転開始から74年
ようやく10両化運転を開始**

赤羽線の歴史は古い。上野駅～前橋駅間の日本鉄道線と新橋駅（のちの汐留駅）～横浜駅（現・桜木町駅）間の官設鉄道（現・東海道本線）を結ぶべく、赤羽駅～品川駅間に建設された日本鉄道品川線の一部として1885（明治18）年3月1日に開業した。1909（明治42）年12月16日に電化され、電車運転が始まった。しかし、その後の歩みは遅かった。1972（昭和47）年7月15日に山手線から分かれ赤羽線として独立すると、使用車両など、山手線との格差は開くばかり。それでも利用者は多く、混雑率も高かった。1978（昭和53）年3月1日に103系8連運転になり、1983（昭和58）年10月2日にようやく10両化運転が始まった。

野岩鉄道
開業出発式

国鉄未成線を三セクで開業
東武鉄道との直通運転開始

　1986（昭和61）年10月9日、野岩鉄道会津鬼怒川線が開業した。1922（大正11）年4月11日に公布された改正鉄道敷設法で下野と岩代を結ぶ敷設予定鉄道路線となってから、64年目のことだった。鉄建公団によって国鉄野岩線の建設工事が始まったのは1966（昭和41）年5月25日で、工事は順調に進んだが、完成まであとひと息という1979（昭和54）年の末、国鉄再建法により工事が凍結されてしまった。しかし、地元自治体の強い要望によって三セクの野岩鉄道が設立され、開業の日を迎えることになった。1990（平成2）年10月12日には会津鉄道会津線の会津高原駅〜会津田島駅間が電化され、同線との直通運転が開始された。

野岩鉄道会津鬼怒川線会津高原駅（現・会津高原尾瀬口駅）で行われた開業式典の様子。車両は6050型で行き先は「新藤原」となっているが、この日から東武鉄道との直通運転も始まった　1986年10月9日
撮影／高木英二

新幹線自動分割併合試験を
ドクターイエローで

編成の両数を自在に増減し
車両の効率的な運用を図る
東北新幹線などで実用化

　東海道新幹線列車は起点から終点まで12両編成か16両編成で運行されてきた。しかし、運転区間や運行の時期によって輸送量が大きく変動し、通路にまで乗客があふれたり、空席ばかりで空気だけを運んだりという両極端な状況がみられた。そこで運用の効率化を図るべく、輸送量に応じて新幹線の途中駅で車両編成を増減するため、ドクターイエロー（T2とT3編成）を用いた新幹線自動分割併合試験が行われた。ドクターイエローのT2、T3編成の最前部と最後部に自動分併装置を設置して行われた試験は成功したが、東海道新幹線で用いられることはなかった。後年、JR東日本で東北新幹線と山形新幹線、秋田新幹線の分割併結運転を行う際のシステムに取りこまれて実用化された。

東京第一運転所大井支所で行われたドクターイエローを用いての新幹線自動分割併合試験の様子。結果は成功だったが、東海道新幹線での実用化にはいたらなかった　1986年11月15日
撮影／高木英二

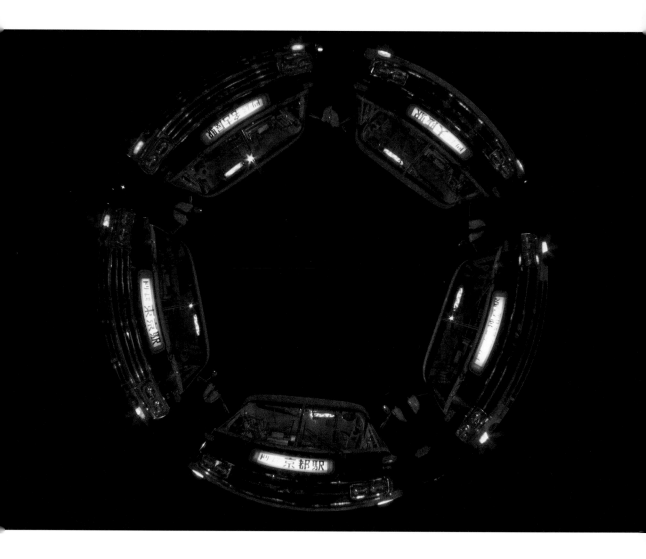

国鉄バスドリーム号
高速道路の整備に伴い各地へ

日本初の高速夜行バス誕生
東海道新幹線補完の役割も

　東名高速道路は1969（昭和44）年5月26日の大井松田IC〜御殿場IC間の開業をもって全線開通した。その全通を待って、同年6月10日から国鉄バスが運行を始めた夜行バスがドリーム号だ。最初に投入された車両は日野RA900P（747形）と三菱B906R（744形）の2形式。当初は、東京〜大阪便2往復と東京〜名古屋〜京都便1往復という体制でスタートした。翌年、大阪で日本万国博覧会が開催された際に、万博会場経由で運行が行われ、料金の安さや夜間時間の有効利用などが広く認知されて、利用客は増加の一途をたどった。その後、各地で高速道路が開通するたびに新規路線が開業し、現在はJRバスグループ各社が運行を行っている。

墨田区横網にあった国鉄関東地方自動車局東京自動車営業所で顔をそろえたドリーム号。行き先は東京駅、名古屋駅、大阪駅、神戸駅、京都駅。この営業所は両国国技館建設に伴って江東区塩浜に移転した。車両は三菱B906R（744形）
1971年2月16日
撮影／荒川好夫

2章

消え果てた昭和らしい鉄道シーン

昭和の鉄道シーンと聞いて多くの人がまず思い浮かべるのは、蒸気機関車や旧型電気機関車、旧型客車、さまざまな種類の貨車を連ねた長大な編成、懐かしのローカル線などだろうか。殺人的な混雑率の通勤電車、がらがらの車内など、都市と地方の格差も大きかった。

上野発の
客車列車

「上野発の夜行列車」は
客車列車が多かった

　1960年代も後半になると、上野駅
を発着する東北本線、常磐線、高崎
線の列車の多くは電車や気動車に置
き換えられていったが、夜行急行を中
心にまだまだ何本もの客車列車が乗
り入れていた。写真はEF57形3号機
を先頭にしたEF57形電気機関車が
重連で牽引する列車の姿。上野駅に
出入りする客車列車を牽引する電気
機関車は、宇都宮運転所や高崎第二
機関区、内郷機関区などに所属する、
EF56形、EF57形、EF58形、EF62
形、EF80形あたりが多かった。1960
年代以降、EF57形は事故廃車とな
った12号機を除いた全14両が宇都
宮運転所に所属し、主に東北本線の
客車列車や荷物列車の牽引にあたっ
ていた。

ただずまい自体がなんとも懐かしい上野発
の客車列車。EF57形の2号機以降の各車
両はパンタグラフが車体端から突き出た特
徴的な形態をしていたので、遠方からでも
シルエットでもそれと認識できた
1965年8月　撮影／荒川好夫

ゼロメートル地帯を走る都電小松川線

中川の川水が真下に迫る江東ゼロメートル地帯を走る

都電25系統は、荒川土手西側の西荒川停留所と日比谷公園停留所を結んでいた。写真撮影年の翌年、都心部の区間が短縮されて路線は西荒川〜須田町間となった。西荒川〜錦糸堀間の小松川線は、城東電気軌道によって1917(大正6)年から1926(大正15)年にかけて建設された区間だ。写真は西荒川を出た1500形1510号が、小松川三丁目停留所(小松川さくらホール付近)と浅間前(JCHO東京城東病院付近)停留所間の中川に架かる電車専用橋を渡って日比谷に向かうところ。この先、亀戸九丁目で専用軌道から国道14号に合流し、錦糸堀方面に進んでいた。中川周辺一帯はいわゆる「江東ゼロメートル地帯」で、橋では枕木ぎりぎりのところまで川の水が迫っていた。

撮影当時、中川周辺には町工場が軒を連ね、空はスモッグで覆われ、川は黒く濁って悪臭を放っていた。今は工場がなくなって、マンションや店舗が立ち並んでいる。川は浄化された　1967年3月10日
撮影／荒川好夫

SL牽引の除雪車

ロキ、キマロキ、ラキマロキ
豪雪地帯の鉄路を
守る勇者

　山形県の新庄と余目を結ぶ陸羽西線は、最上川に沿って走る景勝路線。新庄に近い区間は、日本でも有数の豪雪地帯を走る路線でもある。そこで、積雪期には除雪車の登場となる。DD14形やDD15形などの除雪用DLが配備される前、除雪作業を行う基本的なユニットは「キマロキ」と呼ばれる編成だった。前後の「キ」は機関車、「マ」は線路際の雪をかき集めるマックレー車、「ロ」は集められた雪を遠方に飛ばすロータリー車で、編成の先頭に線路上の雪をかきわけるラッセル車が連結されることもあった。写真は津谷駅〜最上川下りの乗船場でもある古口駅間で行われた運転会の様子。キマロキの後ろ2両によるロキ編成で、写真のロータリー車はキ620形。

大迫力の煙はSLのものではなくロータリー車のもの。
雪を飛ばす勢いも凄い。キ620形はC58形蒸気機関車
と同じボイラーを装備し、最大出力は1000PSだった
1971年2月14日　撮影／荒川好夫

車番は手描きとなった
廃車を待つSL

流線形で新造されたC55形
車番から涙を流す

　1936(昭和11)年に登場したC55形
蒸気機関車の2次車(20〜40号機)
41両は、当時世界中で流行していた
流線形で新造された。見た目の美し
さとともに、空気抵抗を減らして速度
向上を図るという目的だった。ボイラ
ー前端の煙室扉周辺を傾斜させ、前
部デッキからボイラー全体、運転台か
ら炭水車までケーシングを被せ、スカ
ートで覆った。C55形26号機はまず
名古屋機関区に配属されて、超特急
「燕」の牽引も行った。3年後に大里機
関区(現・門司機関区)へ配置換えとな
り、その後は九州各機関区を移動した。
流線形はあまり速度向上の役に立た
ず点検整備の妨げになるということ
で、戦後標準仕様に改造され、門鉄デ
フが取り付けられた。最後は吉松区
で務めを終えた。引退後、解体を待つ
までに金属製のプレートは外され、代
わりにペンキで車番が書かれた。その
姿はまるで涙を流しているかのよう
だった。

　休車中のC55形26号機。肥薩線霧島西口
駅(現・霧島温泉駅)で廃車を待つ。戦前か
ら走り続け、総走行距離は3,011,951.6km
だった　1971年7月24日　撮影／荒川好夫

貨車からトラックに積荷を移す

手前の有蓋車は日本車輌製の
ワラ1形3488号。ワラ1形は1962
年から5年間の間に17367両も
製造されて、高度経済成長期の
貨物輸送に大いに貢献した
1972年4月24日　撮影／河野豊

長距離は鉄道、近距離は車
高度経済成長期の輸送分業

　昭和40年代までの貨物輸送は、長
距離は鉄道の車扱貨物か貨物船が担
い、貨物駅や港でトラックに積み換え
るという方法が一般的だった。写真は
越中島支線(総武本線貨物支線)小名
木川駅の貨物荷役線で、穀物袋と思わ
れる積荷が貨車からトラックへと積み
換えられている様子。小名木川駅は小

名木川や都道306号(通称明治通り)と
接する、陸運と水運の接点に設けられ
た物流の拠点だった。構内には6線の
貨物荷役線のほか、有蓋車貨物ホーム
やコンテナ車の荷役線やホームが設け
られていたが、鉄道貨物輸送の縮小
に伴って2000(平成12)年12月2日に
廃止され、業務は隅田川駅に移管され
た。駅跡はショッピングモール「アリ
オ北砂」などに転用されている。

簡略化前の
ツートンカラー

戦後復興を象徴する色
朱色とクリーム色の
キハ20形気動車

　国鉄の一般型気動車の塗色は1935（昭和10）年以降、藍青色と灰黄色の2色に塗り分けられ、黒1色の蒸気機関車や、ぶどう色2号1色に塗られた電気機関車や電車、客車に比べると、軽やかな印象を醸していた。戦後になると、湘南色の80系、スカ色の70系、オレンジバーミリオン（朱色1号）の101系など、カラフルに塗装された新型電車が登場した。客車列車でもEF58形電気機関車と客車全体が淡緑5号に塗装された特急「つばめ」「はと」が登場し、「青大将」のニックネームが与えられた。一般型気動車でも塗装変更が行われ、1959（昭和34）年に朱色4号に窓まわりがクリーム4号という鮮やかな塗り分けに変更されていった。

日豊本線門石信号場〜青井岳駅間の猪ノ谷第一隧道を出る、朱色4号とクリーム4号に塗色されたキハ20形気動車
1974年2月16日　撮影／荒川好夫

国鉄赤字化による
塗色の簡略化

ツートンからワンカラーへ
「首都圏色」の試験塗装

　1970年代、国鉄の赤字は年々増え
続け、財政は逼迫していった。赤字
を少しでも減らすべくさまざまな試み
が行われ、車両塗装の簡略化もその一
つだった。1975（昭和50）年に国鉄大
宮工場で相模線用のキハ10形気動車
を用いて塗装試験が行われた。その
結果を受けて1976（昭和51）年に一般
型気動車の塗色を朱色5号単色とする
ことが決まり、まず相模線に投入され
た。そのため、朱色5号塗装車は「首
都圏色」の通称で呼ばれることになっ
た。しかしながら首都圏各路線の使
用車両だけではなく、全国のほとんど
の一般形気動車が「首都圏色」に塗ら
れるようになった。1977（昭和52）年
に登場したキハ40系気動車は、当初
から朱色5号単色で登場している。

塗色の簡略化の試験として、国鉄大宮工場
で「首都圏色」朱色5号単色に塗装された相
模線のキハ10形気動車　1975年2月6日
撮影／荒川好夫

秩父鉄道三峰口駅に
乗り入れている国鉄と東武

国鉄も東武鉄道も
秩父鉄道へ直通していた

　秩父鉄道は羽生駅で東武伊勢崎線と、熊谷駅で国鉄高崎線と、寄居駅で国鉄八高線、東武東上本線とそれぞれ接続し、かつては国鉄や東武鉄道から片乗り入れが行われていた。まず1949（昭和24）年4月3日から池袋発の東武東上線の列車が寄居駅から乗り入れを始めたのを皮切りに、国鉄

も上野発高崎線熊谷駅経由や、高崎発八高線寄居駅経由の列車が秩父鉄道乗り入れを始めた。1989（平成元）年4月1日に西武秩父線が御花畑駅から秩父鉄道に乗り入れを開始してしばらくすると、東武鉄道もJR東日本も秩父鉄道への直通運転を廃止した。現在は、東武鉄道車両の検査や転配などの際に秩父鉄道線を経由して東上本線と伊勢崎線の間で回送運転が行われている。

秩父鉄道三峰口駅で顔を合わせた3社の車両。左から秩父鉄道100形、国鉄115系、東武8000系、秩父鉄道300系
1979年9月24日
撮影／森嶋孝司

気動車王国と
いわれた四国

普通も急行も
高松運転所に居並ぶ
気動車群

　四国の国鉄は輸送規模が小さく、大
型の機関車や長大な編成は必要とさ
れなかった。炭鉱も小規模な炭鉱し
かなく、1940年代以前にすべて閉山
された。そのため石炭の調達が難し
く、蒸気機関車牽引列車に換えて気動
車の配備を進めることで輸送の近代
化が図られた。1958(昭和33)年11月1
日四国初の気動車準急「やしま」が高
松桟橋駅(後に高松駅に統合)～松山
駅間で運転を開始し、土讃本線(現・
土讃線)、高徳本線(現・高徳線)など、
四国各路線に気動車による準急、急
行列車網が広がった。1972(昭和47)
年3月15日には、新幹線岡山開業に合
わせて、四国で初めての気動車特急
「しおかぜ」と「南風」がキハ181系を
用いて運転を開始し、気動車王国と
なっていった。

キハ58系気動車急行「阿波」など、高松運
転所で顔をそろえた四国の国鉄気動車群。
急行形気動車ばかりでなく、キハ20系やキ
ハ45系の姿も見える
1974年1月13日　撮影／荒川好夫

一円電車として
日本一安かった明神電車

客車「くろがね号」前の子どもたち。人と列車の距離が近い。明神電車の旅客輸送には「くろがね号」「わかば号」「あおば号」の3両の客車と、「白銀号」「赤金号」という2両の電動客車があった
1981年11月23日
撮影／森嶋孝司

日本一安かった乗車賃
明神電車の一円電車

　明神電車は兵庫県の明延鉱山の錫鉱石を輸送するために建設された貨物軌道で、1929（昭和4）年4月に運行を開始した。路線名は起終点の明延と神子畑の頭の文字から。1945（昭和20）年に貨客混合列車の運転が始まった。当初は鉱山関係者のみの輸送で乗車賃は無料だった。のちに部外者も乗車するようになり、運賃が1円だったため「一円電車」と呼ばれた。道路が未発達だった時代、山深い明延の集落で暮らす人々にとっては明神電車で神子畑へ出て、バスで播但線新井駅に向かうルートが町に出る最短コースだった。1987（昭和62）年、明延鉱山が閉山され明神電車も廃止されたが、今も車両や路線が明神電車復活の日を待って保全されている。

旧型客車

手動ドアでデッキ付き
1963年まで特急に使用

　旧型客車について明確な定義はないが、一般的には10系客車以前に製造された31系、32系、35系、43系などの客車を指す。在来形客車、一般形客車と呼ばれることもある。旧型客車は20系客車や12系客車のように製造当初から特急形や急行形として誕生したわけではなく、新製車や状態のいい車両が特急列車や急行列車に使用され、普通列車に格下げされたり、幹線からローカル線に回されたりしながら使われた。手動ドア、自動空気ブレーキ、などが標準的な仕様で、組成の制約がほぼない。また最高速度は95/kmに制限されていた。旧型客車を使用した最後の特急列車は「みずほ」で、1963（昭和38）年9月30日に切り換えられた。

まもなく年が明ける昭和56年の大晦日、深閑とした福知山駅に停車中の列車。旧型客車で編成されている
1981年12月31日　撮影／森嶋孝司

茶色と青色の 客車で編成された 列車

ぶどう色2号から青15号へ 優等列車ほど 青の率が高かった

　国鉄の旧型客車の車体色には長き にわたってぶどう色1号（茶色）が使わ れていた。1959（昭和34）年6月、塗 色は少し明るめのぶどう色2号に変 更された。初めて青15号の塗色が用 いられたのは「あさかぜ」用の20系 客車と「はつかり」用の44系客車で、 1958（昭和33）年10月から。青い一般 形客車が登場し始めたのは1964（昭 和39）年10月からで、43系など急行 列車などに用いられている車両を中 心に順次青15号に塗り替えられてい った。大雑把な数だが、1970年代の 中頃には43系では100%近く、35系 では半分ほどが青15号の塗装だった が、32系や60系の大半はぶどう色だ った。写真はそんな時代の名残の春 場面だ。

満開の桜のもと、東北本線福島県最北端 の駅貝田に停車中の列車。青15号塗色の スハフ42形を先頭に、青と茶色の客車が パッチワークのように連なる 1983年4月21日　撮影／森嶋孝司

鉄道道路併用橋を渡る
名鉄キハ8000系特急「北アルプス」

電車と自動車が共用する橋
犬山橋で木曽川を越える

　鉄道道路併用橋は長野電鉄の村山橋のように走行区域が分離されている場合もあるが、木曽川に架かる名鉄犬山線の犬山橋は走行区域が共用で、最高速度は25km/hに制限されていた。名鉄キハ8000系は国鉄高山本線乗り入れを目的として1965（昭和40）年に登場し、当初は準急、その後は急行から特急に格上げされている。富山駅から富山地方鉄道に乗り入れて立山駅まで向かっていた時代もあった。国鉄乗り入れ列車は、写真の犬山橋の先の新鵜沼駅付近で分岐する連絡線で国鉄高山本線に乗り入れていた。その後、自動車の通行量が増えたため、2001（平成13）年10月に新たに道路橋が設けられて、旧橋は鉄道専用橋になった。

鉄道道路併用橋時代の犬山橋をゆるゆると進むキハ8000系特急「北アルプス」と7500系「パノラマカー」。特急電車が路面電車のようなスピードで走ると揶揄されることもあった。橋を渡る自動車群の角張ったフォルムも目を引く　1984年4月13日
撮影／荒川好夫

余剰となった機関車が並ぶ長町駅

貨物輸送方式の転換で
操車場も機関車も
消え果てた

　1984（昭和59）年2月1日に行われたダイヤ改正では、優等列車の削減や地方都市圏で普通列車が増発されたことなどが話題になったが、もっとも大きな変化は貨物輸送方式の転換と貨物列車の大幅削減だった。このダイヤ改正以前の貨物の輸送方式は、駅や操車場で貨車をつなぎ換えながら目的地に向かう方式が中心だった。しかし、操車場での貨車の組み換えには多大な場所や時間を要し、目的地までの到着日時も不明瞭ということで、トラック輸送が普及すると国鉄貨物の利用が急減した。そこで、操車場を廃止し、貨物輸送はコンテナや物資別適合輸送（専用貨物列車）を主とする方式に転換された結果、貨物列車本数が激減し、大量の貨物機関車や入れ換え機関車がお役御免となった。

廃止された長町操車場に放置されたままのED75形電気機関車とDD13形ディーゼル機関車。ED75形は東北本線や常磐線の貨物列車牽引機として、DD13形は操車場での入れ換え機として用いられていた。東北三大操車場の長町、青森、郡山の各操車場が廃止されたのは1984（昭和59）年2月1日。全国で100カ所以上の操車場が廃止された　1986年6月18日
撮影／高木英二

ジョイフルトレインの展望車ブーム「オリエントサルーン」

編成両端はグリーン展望車 天窓にソファ、絨毯敷き

　1980年代、国鉄やJR各社は団体旅行者の確保や鉄道旅のイメージアップを図って、和風車両を連結したり、サロンやラウンジを設けたりした多彩なジョイフルトレインを登場させた。車窓からの眺めを謳い、展望席や窓向きの座席を設けたりもした。新造車はほとんどなく、多くは余剰車からの改造で、種車としては12系客車、165系電車、キハ58系気動車あたりが中心だった。「オリエントサルーン」は12系客車から改造されたジョイフルトレインで、1987（昭和62）年1月に落成。専用牽引機としてED75形711号機が指定され、客車と同じ塗装が施された。国鉄仙台鉄道管理局からJR東日本に引き継がれ、東北本線を中心に運転された。

スハフ12形を種車にグリーン車スロフ12形に改造された「オリエントサルーン」の展望車。天窓が設けられ、ソファがゆったりと配されている。"ワンレン"や"聖子ちゃんカット"と覚しき女性のヘアスタイルにも注目　1987年5月10日　撮影／高木英二

眠る0系新幹線

新幹線車両を間近に眺める
新幹線大井車両基地

　東海道新幹線東京第一運転所大井支所は、1975（昭和50）年3月10日に予定されていた山陽新幹線の博多延伸開業に伴って増加する0系新幹線車両を収容するため、1973（昭和48）年9月に開設された。現在は新幹線大井車両基地として、仕業検査を行う東京仕業検査車両所、修繕業務及び構内操縦業務などを業務とする東京修繕車両所、交番検査を行う東京交番検査車両所、大井保線所、東京統括電気所大井電気技術センターなどの施設で構成されている。隣接地は東京貨物ターミナル。東京モノレール大井競馬場前駅から東に延びる通称競馬場通りを進むと大井車両基地と東京貨物ターミナルを跨ぐ陸橋へ。陸橋上や脇の道からは新幹線車両や貨物列車を見学できる。

1日の仕業を終えて、東海道新幹線東京第一運転所大井支所で眠りにつく0系新幹線たち。鉄道ファン、新幹線ファン垂涎の光景
1976年3月30日　撮影／荒川好夫

東洋活性白土
専用線を走る
小さなSL

軌間610mm
日本最後の
実用運転蒸気機関車

　1956（昭和31）年、日本で最後に製造された実用蒸気機関車は、福島県協三工業製の東洋活性白土2号機だった。東洋活性白土は新潟県糸魚川市にあった活性白土の製造会社で、国鉄糸魚川駅と工場とを結ぶ軌間610mmの専用鉄道を敷設して製品の搬出を行っていた。2号機はB形タンク機関車で、「くろひめ号」の愛称を与えられ、日々工場と糸魚川駅の間を往復していた。しかし各地で公害防止の声が高まると、活性白土もその対象となって需要が激減。1983（昭和58）年に工場が閉鎖され、専用線も廃止された。東洋活性白土2号機は日本で最後まで実用運転を行っていた機関車でもあった。2号機は糸魚川ジオステーション「ジオパル」で保存されている。

稲の刈り取りが終わった田園の中を進む2号機。今はもう失われてしまった光景だ。糸魚川駅と東洋活性白土工場間の路線はおよそ800m。駅に近かったが、沿線には田畑が広がっていた　撮影／荒川好夫

上野駅ホームにずらりと
並んだ485系と583系の
電車特急群。手前に「はつ
かり」の顔が見える。の乗
客が持つ荷物の数が多い
1981年7月2日
撮影／荒川好夫

特急が並ぶ上野駅ホーム
新幹線開業とともに
なくなる風景

上野駅ホーム
特急の発着は通勤電車なみ

　東北新幹線が開業する前の上野駅には、東北、常磐、上信越各方面に向かう特急列車がひっきりなしに発着していた。たとえば「ゴオサントオ」と呼ばれる1978（昭和53）年10月2日の白紙ダイヤ改正後には、東北方面に向かう「はつかり」「やまびこ」「ひばり」は合わせて25本、奥羽・磐西線

方面の「つばさ」「やまばと」「あいづ」が7本、常磐線の「ひたち」「みちのく」は12本、上信越線の「とき」「いなほ」「はくたか」「あさま」「白山」は合わせて32本と、昼行特急は計76本。夜行特急では「はくつる」が1本、「ゆうづる」が7本、「北星」が1本、「あけぼの」が2本、「北陸」1本の計12本。昼夜合わせて88往復もの特急が毎日上野駅に発着していた。

EF30形とEF81形
電気機関車の世代交代

EF10形からEF30形へ
3代目はEF81形に

　関門トンネルは全長3.6kmと距離が長く、海峡下の最低部分は-38.4mで最急勾配は25‰となることから、当初から直流電化で建設された。開通後最初に投入された電気機関車は直流機のEF10形で、1961（昭和36）年6月1日に鹿児島本線門司港～久留米間が交流で電化された際にEF30形交直流両用電気機関車が投入された。1973（昭和48）年には貨物列車増発のため、EF81形交直流両用電気機関車が2両投入された。このEF81形は、EF30形と同じく塩害対策としてステンレス鋼製車体と耐食アルミ合金製パンタグラフを搭載し、300番代に区分された。現在、関門間の貨物列車はEH500形交直流両用電気機関車が牽引している。

　門司機関区に並ぶEF81形の301号機、302号機とEF30形。いわば世代交代の図である。その後EF81形の増備が進み、EF30形は1987（昭和62）年3月29日に運用が終了した　1973年秋頃　撮影／河野　豊

レッドトレイン
赤く塗られた客車

地方都市圏の通勤通学用
日本初の赤い客車列車

　50系客車は国鉄が地方都市圏の通勤通学用普通列車向けに製造した客車で、1977（昭和52）年から1982（昭和57）年にかけて953両が製造された。外観はそれまでの客車の標準色だったぶどう色や青から変わって、交流電気機関車と同じ赤2号単色で塗装され、「ブルートレイン」ならぬ「レッ

ドトレイン」と称された。2ドア、デッキ付きは従来の一般形客車と同じ構造だが、客用扉のドア幅は1000mm自動扉、デッキと客室間の仕切り扉幅は1200mm両開きとし、旧来の客車より広くなった。室内もデッキ付近をロングシートにしたセミクロスシート仕様で、乗車定員を増やした。日本各地で用いられ、旧型客車を次々に置き換えていった。

奥羽本線鶴ケ坂駅〜大釈迦駅間を進むレッドトレイン。牽引機はED75形交流用電気機関車の747号機。同形式の700番代機は耐雪・耐塩害対策装備機で、奥羽本線や羽越本線で使われていた　1985年6月28日
撮影／荒川好夫

特急雷鳥に連結されて定期運行していた
「ゆぅトピア和倉」

ほぼ毎日運行の臨時特急
国鉄で唯一の
電車＋気動車

　大阪と和倉温泉の間を特急なみの到達時間で結ぼうという意図のもと開発されたのが「ゆぅトピア和倉」だ。電化区間の大阪〜金沢間は特急「雷鳥」に連結し、非電化だった七尾線内は気動車として運転するべく、「雷鳥」同様120km/hでの走行を可能とするため、キハ65形気動車を種車に台車やブレーキに大幅な改良が施されて誕生した。2両編成で両端は展望室、全車グリーン車で、一般客室はハイデッカー構造。1986（昭和61）年12月27日に運行が開始され、1988（昭和63）年3月13日のダイヤ改正後には臨時特急ながらほぼ毎日1往復運転されていた。1991（平成3）年9月1日に和倉温泉までの電化が完成し、「ゆぅトピア和倉」は廃止された。

キロ65形「ゆぅトピア和倉」の展望席から見た車掌席と485系「雷鳥」。「ゆぅトピア和倉」の途中停車駅は新大阪、京都、金沢の3駅のみで、それ以外の「雷鳥」停車駅は運転停車扱いだった　1987年10月7日
撮影／高木英二

廃車となる前日、熟練の機
関区員の手でテンダーのプ
レートから床下まで丁寧に
磨かれるD51形787号機。保
存時に長工式集煙装置は外
された　1971年4月16日
撮影／荒川好夫

SL最終運行に向けて
プレートを磨く

さよならD51形787号機
長年の働きお疲れ様でした

　D51形787号機は1943（昭和18）年
9月29日の新製で、まず水戸機関区
に配属された。1954（昭和29）年3月
11日に木曽福島機関区に移動し、廃
車となる1971（昭和46）年4月17日ま
で17年以上の間、ずっと中央西線の
列車を牽引しつづけた。戦中の製造

のためドームはかまぼこ形で、後に長
野工場で長工式集煙装置が取り付け
られた。廃車になった時の走行距離
は187万5072km。この数字は、ほぼ
地球を47周した距離に相当する。廃
車後に長野鉄道管理局から御代田町
に無償貸与され、現在はしなの鉄道
御代田駅脇の「御代田町交通記念館」
（旧信越本線のスイッチバック駅跡）に
極めて良好な状態で保存されている。

3章

サヨナラローカル線

1980（昭和55）年、国鉄の赤字を減らすために国鉄再建法が施行され、赤字ローカル線の廃止が進められることになった。廃止する路線は赤字額の多寡ではなく営業係数で決められたため、北海道や九州の炭鉱線やいわゆる盲腸線が次々に切り捨てられていった。

白糠線白糠駅に
集まった人々

特定地方交通線廃止第1号
もう列車は走らない

　全線開通から廃止までわずか11年。
白糠線の歴史はあまりにも短かった。
起点は根室本線の白糠駅で、1964（昭
和39）年10月7日に最初の開業区間
となる上茶路駅までの25.2kmが開
業。1972（昭和47）年9月8日に延伸
区間となる上茶路～北進間7.9kmが
開業し、開業区間は33.1kmになっ
た。1970年代の末には、白糠線の輸
送密度は1日あたり123人まで落ち込
み、1981（昭和56）年9月18日に第一
次特定地方交通線として廃止が認め
られた。同年度の営業係数は2872 。
これは100円稼ぐために2872円かか
っていたということだ。地方で必要と
されながら1983（昭和58）年10月23
日、白糠線は特定地方交通線1番目の
廃止路線となってしまった。

釧路鉄道管理局が製作した「さよなら　白
糠線」のヘッドマークを掲げたお別れ列車。
ふだんは閑散としていた白糠駅のホームに
地元の人々や鉄道ファンが大勢集まって、
名残を惜しんだ　1983年10月22日
撮影／荒川好夫

白糠線
さよなら列車に乗った
地元の少年たち

足寄までの延伸計画は挫折
貨物輸送の終了で
大赤字に

　白糠線が構想された際には、沿線森林の材木や上茶路炭鉱の石炭、農産物など、主に貨物輸送が想定されていた。右股、螺湾、中足寄を経由する池北線足寄駅までの延伸計画もあった。白糠線の終点北進駅は、当初は釧路二股駅とされていたが、さらに北へ向かって進むという意味を込めて開業時に改名された。延伸計画が実現すれば螺湾駅は阿寒国立公園の最寄り駅になるので、観光客輸送も期待されていた。しかし、1970（昭和45）年に上茶路炭鉱が閉山し、木材輸送はトラックで行われた。もともと沿線人口が希薄な地域だったため通勤通学客もほとんどいなかった。北進までの区間は赤字覚悟の旅客輸送のみで開業され、足寄まで延伸されることはついになかった。

白糠線さよなら列車に乗った白糠小学校（現・白糠学園）の6年生たち。今は50代初め、少年の面影は残っているだろうか。車両はキハ40形100番代　1983年10月22日
撮影／荒川好夫

白糠線最終下り列車の窓から
手を振る女子生徒

最終日は10両編成で運行
廃線後は白糠町営バスに

　白糠線は、上茶路まで開業した際には1日4往復の列車が運行されていたが、北進まで延伸されたときに1日3往復に減便された。各地の閑散線区同様、朝の通勤通学時間帯、午後の下校時間、夜の帰宅時間の3往復だった。列車にはキハ40形酷寒地仕様の100番代やキハ45系の酷寒地仕様車キハ24形とともに、急行形のキハ56形が急行「ノサップ」の間合い利用で使用されていた。最終日は定期列車に増結が行われたほか、臨時列車も2往復運行された。そのうち1往復は、白糠線にゆかりの車両を集めて10両編成という長大な編成が組まれた。廃止後は白糠駅前の町営バスターミナルと二股を結んで、白糠町営バスが運行されることになった。

最終列車のキハ45系キハ24形に乗車した、澄んだ瞳の女子生徒たち。下り最終列車で北進まで行っても戻りの上り列車はないので、北進から臨時の上り列車が走った。「北進-白糠」の文字は手書きに見える
1983年10月22日　撮影／荒川好夫

宮原線の最終日
馬で見送る地元の酪農家

戦時中に休止されるが復旧 全線開業は1954年

　宮原線は国鉄久大本線の恵良駅から南下し、大分熊本の県境を越えて肥後小国駅までの26.6kmを結んでいたローカル線だった。そもそも宮原線は佐賀から福岡県瀬高、熊本県菊池を経て大分県豊後森に至るという九州の4県を横断する壮大な計画路線の一部だったのだが、実際には宮原線や瀬高線などが開業したのみだった。1937（昭和12）年6月27日に恵良駅〜宝泉寺駅間7.3kmが開業、太平洋戦争中の1943（昭和18）年9月1日に不要不急路線として休止され、レールは撤去された。戦後の1948（昭和23）年4月1日に営業再開、1954（昭和29）年3月15日に肥後小国駅までの19.3kmが延伸されて全通。しかし、そのわずかな開業区間も今はもうない。

麻生釣駅に停車中の宮原線最終日の記念列車「北里柴三郎號」を馬上から見送る地元の酪農家。この馬に乗って列車と並走したという。車両はキハ40形2000番代
1984年11月30日
撮影／荒川好夫

宮原線の最終日
町田駅で降りた
地元高校生

最終列車は
「北里柴三郎號」
郷土の偉人列車と
記念撮影

　宮原線恵良駅と肥後小国駅間の途中駅は、町田、宝泉寺、麻生釣、北里の4駅だった。起点は恵良駅だったが、全列車が久大本線豊後森駅を起終点としていた。

　4駅のうち、北里は血清療法の開発やペスト菌の発見などで知られる微生物学者、北里柴三郎の出身地として知られる。また、博士の父、惟保は肥後国小国郷北里村(現・熊本県阿蘇郡小国町)の庄屋だったという。そして、宮原線最終日の記念列車は沿線最大の偉人のヘッドマークを掲げた「北里柴三郎號」となった。

　ちなみに2024(令和6)年度に発行される日本銀行券の千円紙幣には北里柴三郎の肖像が使用されることになっている。博士の郷里は誇りと喜びでわいていることだろう。

町田駅で下車した地元の高校生3人組。高校生は「明日からはもう使えないんです」と、定期券を撮影者の荒川カメラマンに渡してくれたという。「北里柴三郎號」ヘッドマークの山は小国富士とも称される湧蓋山
1984年11月30日　撮影／荒川好夫

宮原線の最終日「ディゼルくんさようなら！」の手書きのメッセージ

肥後小国駅で手を振って上り最終列車を見送る人々。地元で愛された肥後小国駅は「道の駅小国ゆうステーション」になり、駅名標も残されている　1984年11月30日
撮影／荒川好夫

全通から廃線まで30年
楽しい思い出、ありがとう

　全通後の宮原線では、1935（昭和10）年から製造が始まったキハ07形（元キハ42000形）が用いられていた。同車は流線型ブームの影響を取り入れた半円形スタイルで、最急勾配が33‰となる宮原線では少々力不足だったが、1967（昭和42）年まで走行していた。宮原線で最後を迎えたキハ07形41号は国指定重要文化財の指定を受けて、「九州鉄道記念館」で静態保存されている。キハ07形の後はキハ40形暖地仕様の2000番代やキハ53形0番代が使用されていた。宮原線の廃止は1984（昭和59）年11月30日で、二度目の復旧が行われることはなかった。町田駅や北里駅などの宮原線の遺構は保存され、いくつかの橋梁跡は国の登録有形文化財に登録されている。

宮之城線の最終日
お別れセレモニー

全線開通から半世紀
別れを惜しむ人、人、人

　宮之城線は国鉄鹿児島本線川内駅から北薩を北東に向かって薩摩大口駅に至る路線だった。1924（大正13）年10月20日に川内町（現・川内）～樋脇間が開業したのを皮切りに、1937（昭和12）年12月12日には川内駅～薩摩大口駅間の全線66.1kmが開通。1960～70年代には区間運転も含めて1日15往復前後の列車が運行されていた。川内から鹿児島本線に乗り入れて西鹿児島駅（現・鹿児島中央駅）まで直通していた列車もあった。国鉄分割民営化を約3カ月後に控えた1987（昭和62）年1月10日に全線が廃止され、薩摩大口駅で連絡していた山野線も翌1988（昭和63）年2月1日に廃線となった。1枚の写真が消えゆく鉄道と人々との濃密な関係を伝えてくれる。

宮之城駅でさよなら列車を見送る人々。列車の先頭はキハ40形。廃駅後、宮之城駅跡は「宮之城鉄道記念館」になった。駅名標やタブレット、往時の写真などが展示されている。国鉄時代の先頭車キハ40形の塗色が後にJR九州色となったことにも注目したい　1987年1月9日　撮影／荒川好夫

志布志線
おわかれ列車の
出発式

日豊本線・日南線の一部も
志布志線として開業した

　志布志線の歴史は1923（大正12）年1月14日の都城駅～末吉駅間の開業に始まる。1925（大正14）年3月30日には志布志まで開業し、その後も東に向かって延伸を続け、1941（昭和16）年10月28日に北郷駅まで開業した。つまり、志布志線の開業は日豊本線の全通や日南線の開業よりも早く、日豊本線の都城駅～西都城駅間と日南線の志布志駅～北郷駅間は志布志線として開業したのだった。そのためか、志布志線のほとんどの列車は都城駅を起終点とし、日南線に乗り入れて宮崎駅や油津駅まで向かう列車も数本設定されていた。しかし志布志線自体の輸送密度は低く、第2次特定地方交通線に指定され、1987（昭和62）年3月28日に全線廃止された。廃止時の志布志線は西都城から志布志までの区間。1932（昭和7）年に都城から西都城に基点を変更した。

志布志駅で行われた志布志線お別れ列車の出発式。ホームから人が溢れんばかりになっている。志布志線廃止半月前の3月14日には志布志駅で接続していた大隅線が廃止されており、志布志駅は日南線のみの終着駅となってしまった
1987年3月27日　撮影／森嶋孝司

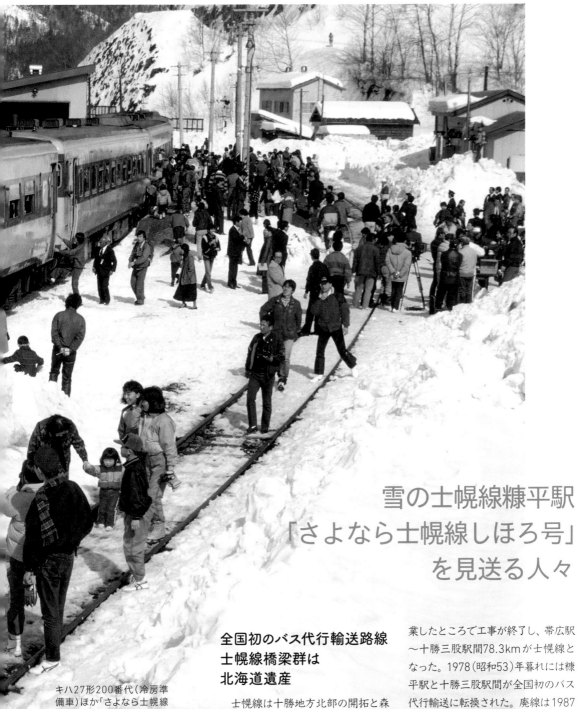

雪の士幌線糠平駅
「さよなら士幌線しほろ号」
を見送る人々

キハ27形200番代（冷房準
備車）ほか「さよなら士幌
線しほろ号」と列車を見送
る人々。雪の上を歩く制服制帽
姿は一旦駅長に任命された
上幌町長。糠平駅跡には上
士幌町鉄道資料館が設けら
れた。運転席から撮影した士
幌線の映像が視聴できる
1987年3月22日
撮影／荒川好夫

全国初のバス代行輸送路線
士幌線橋梁群は
北海道遺産

　士幌線は十勝地方北部の開拓と森
林資源開発を目的とし、1925（大正
14）年12月10日に帯広駅〜士幌駅間
が開業。その後北へ北へと線路を延
ばし、最終的には石狩山地を越えて
上川に至る予定だったが、1939（昭和
14）年11月18日に十勝三股駅まで開

業したところで工事が終了し、帯広駅
〜十勝三股駅間78.3kmが士幌線と
なった。1978（昭和53）年暮れには糠
平駅と十勝三股駅間が全国初のバス
代行輸送に転換された。廃線は1987
（昭和62）年3月23日。旧国鉄士幌線
コンクリートアーチ橋梁群は北海道遺
産に登録されている。冬〜夏だけ水
面に姿を現すタウシュベツ川橋梁は、
いまでも多数の見学者を集めている。

さようなら特急「ひばり」が発車する上野駅

最大15往復運転された 東北本線のスピードキング

特急「ひばり」は1970年代の電車特急のシンボル的存在で、スピードや本数の多さで上野駅〜仙台駅間に君臨した。1961（昭和36）年10月1日のダイヤ改正で登場し

てからしばらくは不遇の時代だった。当初は不定期特急の設定で、実際に運転されたのは翌年の4月27日。運転区間は電化されていたにもかかわらず、キハ82系が使用された。翌1963（昭和38）年10月に定期列車になり、1965（昭和40）年10月1日に483系特急形電車に置き換

えられると、その後はダイヤ改正毎に運転本数を増やし、最大15往復、表定速度は在来線トップの90km/hを記録した。東北新幹線の大宮〜盛岡間開業で6往復が削減され、1982（昭和57）年11月14日をもってすべての「ひばり」が姿を消した。

下り最終の特急「ひばり」に別
れを告げるため、上野駅には大
勢のファンが詰めかけた。ボン
ネット前部に昭和57年11月14
日を表す「57 11 14」の表示が
1982年11月14日
撮影／森嶋孝司

鹿児島交通枕崎線
さようなら南薩線

愛称は「南鉄」「南薩線」
開業から70年目に廃止

加世田駅に並ぶ「さようなら南薩線」のヘッドマークを掲げたキハ300-302号車とキハ100形。国鉄キハ07形を模したキハ100形103号や蒸気機関車は、加世田駅跡に設けられた南薩鉄道記念館で保存されている
1984年3月14日
撮影／荒川好夫

鹿児島交通枕崎線が消えて約40年。同線は1914（大正3）年4月1日に南薩鉄道によって伊集院駅〜伊作駅間が開業、1931（昭和6）年3月10日の笠田駅〜枕崎駅間の開業をもって全線開通した。以来長年にわたって薩摩半島西部住民の貴重な足として走り続けた。1964（昭和39）年9月に三州自動車と合併して鹿児島交通になったが、地元では長く「南鉄」や「南薩線」と呼ばれて親しまれた。1960年代までは加世田駅と薩摩万世駅を結ぶ万世線と、阿多駅から知覧駅に向かう知覧線も運行されていた。枕崎線の運行は1日10往復ほどで一部の列車は鹿児島本線の西鹿児島駅（現・鹿児島中央駅）まで乗り入れていた。

廃止は1984（昭和59）年3月18日。

広尾線臨時
「さよなら広尾線 ひろお号」

「愛の国から幸福へ」
乗車券ブームの火付け役

　広尾線の名を一躍有名にしたのは1973（昭和48）年にNHKで放送された「新日本紀行」だ。この番組で取り上げられた幸福駅や愛国駅の名は全国に知れ渡った。1972（昭和47）年には7枚しか売れなかった愛国駅〜幸福駅間（「愛の国から幸福へ」）の乗車券は翌年からの4年間でなんと4000万枚以上も売れた。営業係数も1973（昭和48）年の704が翌年には189になった。広尾線から始まった縁起がいい駅名の乗車券と入場券のブームは、日本各地に広がった。一例では徳島本線学駅の入場券「入学」は、入試のお守りとして人気を博した。しかし、ブームが落ち着くと広尾線の経営は悪化し、1987（昭和62）年2月1日をもって廃止された。

広尾線廃止最終日に幸福駅に到着した、臨時「さよなら広尾線　ひろお号」下り列車。現在、幸福駅の跡地は帯広市が管理する交通公園になり、駅舎やホーム、キハ22形気動車などが保存展示されている
1987年2月1日　撮影／荒川好夫

「さよなら幌内線 快速ほろない号」に
多くの人が集まった

北海道最古の鉄道、幌内線
石炭産業の斜陽化で廃線に

　幌内線は北海道最古の路線だった。北海道初の鉄道、官営幌内鉄道の手宮駅〜札幌駅間が開業したのは1880（明治13）年11月28日で、新橋〜横浜間などに次ぐ国内4番目の鉄道だった。1882（明治15）年11月13日に手宮駅〜幌内駅間が開通、1888（明治21）年12月10日に幌内太駅（のちの三笠駅）〜幾春別駅（当時・郁春別駅）間が開業した。幌内鉄道建設の目的は幌内周辺で産する石炭を小樽港まで運び、貨物船で全国に輸送するためで、列車の主体は貨物列車だった。1906（明治39）年10月1日に国有化され、3年後に幌内線となったが、石炭産業の斜陽化とともに営業成績が悪化。JR化後の1987（昭和62）年7月13日に廃線となった。

大勢の人々に見送られて三笠駅を出発する、幌内線最終日のさよなら列車「さよなら幌内線 快速ほろない号」。ヘッドマークには幌内鉄道が導入した7100形蒸気機関車が描かれている　1987年7月12日
撮影／高木英二

廃線前から
三笠鉄道村の
展示予定車両が
集められていた

北海道らしい車両群が
北海道鉄道発祥の地に
集結

　北海道で最初に開業し、JR北海道
発足後最初に廃止された幌内線。そ
の幌内駅と三笠駅に設けられた施設
が「三笠鉄道村」だ。「三笠鉄道村」
は幌内駅跡にオープンした三笠鉄道
記念館のある「幌内ゾーン」と、三笠
駅跡にオープンしたクロフォード公園
の名称で親しまれている「三笠ゾー
ン」の2ゾーンで構成されている。幌
内線運行当時から、幌内駅構内に展
示予定車両が集められ、開館の準備
が進められていた。施設のオープンは
幌内線廃止から2カ月ほど後の1987
(昭和62)年9月6日。両施設には北海
道ゆかりの車両が保存展示されてい
る。また、室蘭の製鉄所で働いていた
S-304タンク式蒸気機関車を用いた
蒸気機関車の運転体験も行っている。

幌内線幌内駅に集められた、三笠鉄道村の
展示予定車両群集結の図。「さよなら幌内
線　快速ほろない号」のキハ56形ほか、
DD14形ロータリー車、DD15形ラッセル車、
C12形2号機など、北海道で働いていた、い
かにも北海道らしい車両が集まっている
1987年7月12日　撮影/高木英二

「さようなら上山田線」号

2系統に分かれていた
上山田線
炭鉱の閉山で廃線へ

　上山田線は筑豊本線の飯塚駅と日田彦山線の豊前川崎駅を結んでいた路線で、開業の経過や運行状況などが錯綜ぎみの複雑な路線だった。1895（明治28）年4月5日に飯塚駅〜臼井駅間が開業、6年後に上山田駅まで延伸した。豊前川崎駅まで開業したのは上山田開業から71年後の1966（昭和41）年3月10日。同日、下山田駅で接続する漆生線も全通した。しかし運行は、上山田駅を境に飯塚駅方面と豊前川崎駅方面に二分され、飯塚からは筑豊本線に乗り入れ、豊前川崎方面の列車は漆生線に直行していた。もともと筑豊炭田の石炭輸送を目的として建設されたが、全通した頃には炭鉱は閉山、沿線人口も激減し、1988（昭和63）年8月31日限りで廃止となった。

上山田駅のさよなら列車、キハ58形1143号の「さようなら上山田線」号。沿線の子どもたちからなる音楽隊がお見送り　1988年8月31日
撮影／森嶋孝司

4章

カメラマンが立ち合った鉄道ワンシーン

鉄道カメラマンは時代の目撃者だ。路線の廃
止などの情報を得て現場に向かうこともあれ
ば、入念な準備をして「この1枚」に挑むこ
とも、偶然決定的瞬間に出合うこともある。
山間のローカル線の現場などに向かうのは相
当な時間と体力、覚悟を要することだった。

富良野線気動車とダンプカーの衝突事故

遮断機も警報器もない踏切
野次馬も集まった事故現場

　昭和の時代、地方のローカル線には警報器のみ設置されて遮断機はない第3種踏切や、警報器すらない第4種踏切が数多く残っていて、踏切事故が頻繁に起こっていた。写真の現場は国鉄富良野線の西神楽駅近くで、ダンプカーの運転手が列車が近づくのに気がつかなかったか、列車が来る前に踏切を渡れると判断して引き起こした事故のようだ。緊急停車した列車の貫通扉からも乗客が線路に降り、てあたりは騒然となった。窓からも多くの乗客が横転したダンプカーを見ようと乗り出している。写真の事故は1971（昭和46）年10月のことだが、当時は踏切事故以外の鉄道事故も頻発していた。

富良野線西瑞穂駅〜西神楽駅間で起きた生々しい事故現場。乗っていた列車はキハ40形100番代などの5両編成。列車の窓からも大勢の乗客が乗り出して現場を眺めている　1971年10月23日　撮影／荒川好夫

木造貨車を廃車
廃棄方法は灰に

車両火災ではない
火葬に処されて灰になる

　衝撃的なカットだが、これは車両火災ではなく廃車の光景だ。かつて貨車には長物車、冷蔵車などさまざまな車種があり、有蓋車と無蓋車が最多だった。貨物の積載量、車軸数、木造か鋼製かなどで細かく分類されていた。昭和を代表する15t積み鋼製2軸有蓋車がワム23000形。15000両製造されたが、同形式の製造が始まってまもなく日中戦争が激化し、鋼材を節約するために車体を木造にしたワム50000形が登場した。燃えているのはこのワム50000形だ。ワム50000形は戦中から戦後までに3645両が製造されたが、1970年代から廃車が始まり、1985（昭和60）年までに全車が廃止された。うち何両が火葬処分となったかは不明。

筑豊本線若松駅構内で火葬に処されるワム50000形51341号。廃車にされた鋼製車を解体するには手間と費用がかかるが、木造車の場合、燃やして灰にしていた
1972年10月　撮影／荒川好夫

石北本線特急事故車両の現場解体

石北本線留辺蘂駅近くの、特急事故が起こった場所。脱線したキハ80系の6両は現場で解体され、その後もしばらく放置されていた
1982年7月27日
撮影／森嶋孝司

脱線現場で車両解体
キハ80系6両の墓標

1982（昭和57）年6月11日、石北本線留辺蘂駅と相ノ内駅（現・相内駅）の間で特急の脱線事故が起こった。現場で枕木交換作業をしていた下請け業者の手抜きが原因だったという。枕木の交換は1本ずつ行う決まりになっていたが、あろうことか、この業者は一度に6本もの枕木を抜いていた。折悪しく、そこに札幌発網走行き31D特急「オホーツク」1号が進入して脱線した。この事故による重軽傷者は27人を数え、キハ80系6両（キハ82-59、キロ80-35、キシ80-4、キハ80-9、キハ80-76、キハ82-902）が現場で解体された。事故後の10月6日に、特急「オホーツク」2往復は183系気動車に置き換えられた。

洪水による流出から復旧工事を行う富士川橋梁

流出から復旧まで75日
猛スピードで工事が完了

　1982年（昭和57）年8月2日未明、昭和57年の台風第10号が中部地方を縦断した。東海道本線の富士川橋梁では5時10分頃に下り線の第4橋脚が倒壊してトラス桁2連が流出、下り線の下流の廃線橋梁も倒壊した。現場付近では砂利の採集が無制限に行われており、河床は1889（明治22）年の架橋当時より5mも下がっていた。橋梁流出後しばらくは上り線の橋梁で上下列車の運行が行われたが、日本の大動脈での単線運行だったため、遅延も混雑もひどく、遠方の区間まで影響を及ぼした。下り線橋梁の復旧工事が完了したのは同年10月12日。続いて電力や信号が施工され、10月15日16時15分、富士駅発の貨物列車から下り線橋梁の使用が再開された。

富士川橋梁上り線を行く111系電車。右側が流出した下り線の橋梁で、その外側は廃線となっていた橋梁。廃線の橋梁は1988（昭和63）年頃までに撤去された　1982年8月17日
撮影／森嶋孝司

事故復旧のために
登場した
操重車ソ80

脱線した車両を復旧
クレーン搭載の力自慢

　国鉄山田線の大志田駅から浅岸駅にかけては25‰前後の急勾配が連続する区間で、両駅ともスイッチバック駅として建設された。雪深い山間で、駅や列車が雪崩に襲われたり、線路に土砂が流入したり、列車が野生動物と衝突するといった平地の路線では考えられない事故が起こる区間だ。1984（昭和59）年1月にもDE10形機関車の脱線事故が起こり、クレーンを搭載した操重車ソ80形が復旧に駆けつけた。ソ80形は建設工事や保線作業、事故復旧の際に用いられる車両で、脱線した車両をレールに復元させられるだけのパワーを持っている。なお、大志田駅も浅岸駅も2012（平成24）年から冬期休業となり、2016（平成28）年3月26日に廃止された。

山田線大志田駅〜浅岸駅間で事故の復旧
にあたる盛岡鉄道管理局所属の操重車ソ
80形のソ90号とソ91号　1984年1月24日
撮影／高木英二

深刻なのだが、なぜかのどか
にも見える脱線現場。山田線
の平津戸駅〜川内駅間で。
列車はキハ58形ほか3連。右
手は閉伊川で、山田線の区
界駅〜宮古駅間はほぼ閉伊
川に沿って走る
1984年3月31日
撮影／高木英二

雪崩による脱線事故

北上山地で雪崩に遭遇
雪に乗り上げて立ち往生

　国鉄山田線は標高126.5mの盛岡
を起点に北上山地を上り、標高751m
の区界峠を越えて海に面した宮古ま
で下るという、日本でも屈指の山岳路
線だ。区界峠は東北地方の鉄道の最
高地点でもある。そのため車両はキ
ハ58系、キハ55系、キハ52形など
の2機関を搭載した気動車が投入さ

れてきた。しかし、雪崩はいかんとも
しがたい。写真は山田線平津戸駅〜
川内駅間で、雪崩で覆われた線路の
雪山に乗り上げたキハ58系ほか。事
故現場近くにある通称「小滝鉄橋」は
1944（昭和19）年3月12日に列車転落
事故が発生した現場で、この事故は
映画「大いなる旅路」のモデルとなっ
た。なお平津戸駅は利用客減少のた
め2023（令和5）年3月17日に廃止さ
れた。

ブルートレイン14系客車を
ロビーカーなどに改造中

余剰の14系を活用
改造真っ最中の現場に潜入

　ロビーカーは、長距離長時間運行を行う九州行きブルートレインの乗客にホテルのロビーのような機能を持つフリースペースを提供する目的で製造された車両。新造ではなく、余剰となっていたオシ14形とオハネ14形を種車にして、国鉄大宮工場で改造された。種車の設備はすべて取り払われ、車体中央はソファや回転式チェアを設けたロビーコーナーになり、車端には飲料水の自販機やバーカウンターが設けられた。完成したロビーカーにはオハ24形700番代の形式が与えられ、1985（昭和60）年3月、まず特急「はやぶさ」に連結された。乗客からは好評を持って迎えられ、「北斗星」のロビーカーや「カシオペア」のラウンジへと発展していった。

国鉄大宮工場で、14系客車の窓枠を溶接中。車両は24形に改造されたため、車体の帯も白帯から銀帯に変更された
1984年12月　撮影／森嶋孝司

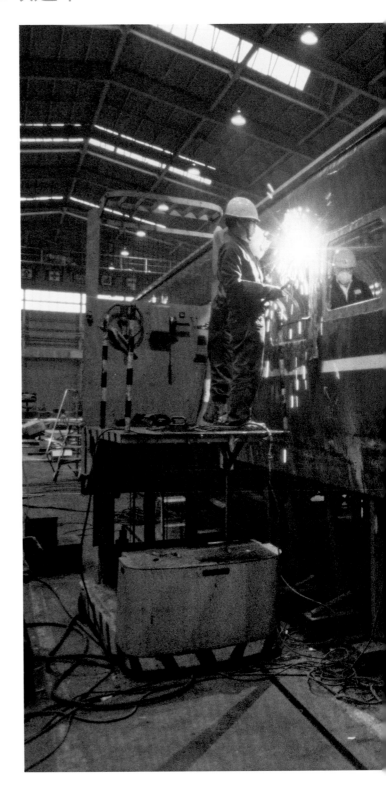

スローガン車両が並ぶ五稜郭機関区

スローガン列車も
春の風物詩だった

　スローガン列車とは、アジテーションのスローガンを車両へ書きなぐったり、ビラやステッカーを貼り付けたりして走行していた列車や車両のことで、「アジ電」とも呼ばれていた。電車ばかりでなく、機関車、客車、気動車なども「アジ電」と呼ばれることがあった。日本の会計年度は4〜3月制で、4月に賃金の改定が行われるので、そこでどれだけ賃上げを勝ち取れるかが労働組合の腕の見せどころだった。春は春闘の季節。1960〜1970年代にかけての春闘では、ストライキが頻繁に行われていた。日本では公共企業体（いわゆる三公社五現業）など労働組合協議会（公労協）の職員はストが禁止されていたため、遵法闘争やスト権ストが行われることもあった。

春まだ浅き五稜郭機関区で。車体にスローガンが書きなぐられたDD51形500番代が並ぶ。左から676号、612号、748号、710号　1973年3月22日
撮影／荒川好夫

中央緩行線スローガン列車

スト権ストや遵法闘争
過激さを増していった春闘

　国労(国鉄労働組合)や動労(国鉄動力車労働組合)は、スト権ストや遵法闘争を行う職員の士気を高めるため、列車の車両にスローガンを大書きしたり、あるいはビラやステッカーを貼りつけたりした。目的はあくまでもアジテーションであったため、当初は車両そのものを破壊するようなことはな

く、殴り書きにはチョークか消石灰を水に溶いたものを使用して、闘争期間が終わればすぐに落とせるようにしていた。また、国鉄の花形である特急形車両や新幹線車両には行わないなどの配慮も働いていた。しかし、70年代に入ると闘争は徐々に過激さを増していき、新幹線やディーゼル特急にもスローガンが書かれたり、ペンキが使われたりするようになった。

中央・総武緩行線市ケ谷駅
〜飯田橋駅間の外濠沿いを
走る101系スローガン列車。
時代も鉄道も風景も移り変
わる　1975年　撮影/小野純一

5章

鉄道とともに変わる街の風景

田園地帯に鉄路が敷かれ、駅ができると、商
店が店開きをし、住宅が増え、やがてビルや
マンションが並ぶにぎやかな街へと成長す
る。貨物駅や操車場が廃止されて、街のど真
ん中に広大な空き地が出現することもある。
鉄道と街の関係性は深い。

高架工事中の吉祥寺駅

地上駅から高架駅へ
複線から複々線へ

　吉祥寺は常に住みたい街ランキングの上位となる人気の街だが、吉祥寺駅が開業した当時、周辺は雑木林や畑が広がる武蔵野の原だった。時代を遡ること120余年、1899(明治32)年12月3日に甲武鉄道の駅として開業し、1934(昭和9)年4月1日に帝都電鉄(現・京王電鉄井の頭線)が乗り入れた。関東大震災後と第二次世界大戦後に都心部からの移住者により沿線人口が急増した。国鉄は首都圏各路線の混雑低減を目指して「通勤五方面作戦」を制定。中央線では中野〜三鷹間で線増工事が行われることになった。1964(昭和39)年9月22日に中野駅〜荻窪駅間が、1969(昭和44)年4月6日に荻窪駅〜三鷹駅間の高架複々線化工事が完了している。昭和も遠くなった。高架化以前の街を知る人も徐々に減り、昭和も遠くなった。

高架複々線化工事中の吉祥寺駅。周辺に高い建物はなく、空が広い。冷房なしの101系電車やボンネット型のトラックが時代を感じさせる　1966年1月
撮影／荒川好夫

日本万国博覧会
モノレール

「EXPO'70」の来場者輸送
全国からの観客を運ぶ

1970(昭和45)年3月15日〜9月13日の183日間、「人類の進歩と調和」をテーマに吹田市の千里丘陵で日本万国博覧会、「EXPO '70」が開催され、期間中に6422万人の観客が押し寄せた。来場者を捌くため、会場内にはモノレールが設けられた。これは現在、北九州、大阪、多摩、沖縄などで採用されている「日本跨座式モノレール」最初の路線で、実証テストも兼ねていた。また、会場へのアクセス用に北大阪急行電鉄が建設され、阪急千里線に臨時駅の万国博西口駅が設けられた。万博会場の跡地は万博記念公園として整備され、千里丘陵一帯の宅地化が進んだ。万博終了後、モノレールの運行は中止されたが、1990(平成2)年6月1日に南茨木駅〜千里中央駅間に大阪モノレールが開業し、万博記念公園駅を中心に3方向に路線を伸ばしている。

万博会場を走るモノレール100形と、岡本太郎作「太陽の塔」の入場待ちをする人々の行列。1970年という年の空気感が漂うカットだ。万博はあまりの混雑で「人類の辛抱と長蛇」と揶揄されたこともあった1970年8月24日　撮影／荒川好夫

横浜港側から
東横浜駅を見る

横浜港に直結の貨物駅
自動車輸送に押され廃止に

　今はなき東横浜駅が設けられたのは、初代横浜駅の跡地だった。1915（大正4）年8月15日に横浜駅が移転し、初代横浜駅は桜木町駅になった。同年12月30日に京浜線電車（現・根岸線）の運転が始まって桜木町駅は旅客駅になり、東横浜駅が貨物駅として開設された。所属路線は東海道本線貨物支線、通称高島線で、100〜200mのホームが5面設けられていた。1960年代、貨物輸送がトラックに取って代わられると東横浜駅での貨物取扱量は年々減少し、1979（昭和54）年10月1日、東海道貨物新線に横浜羽沢駅が開業した際に東横浜駅は廃止された。駅北東から港方面に向かう路線が分岐していたが、その跡が廃線跡を活用した遊歩道「汽車道」である。

港側から見た東横浜駅。かつてはこんな風景が広がっていた。後方は桜木町駅で、根岸線の103系電車が停車している。東横浜駅跡地は東口駅前広場と桜木町駅バス乗り場、YOKOHAMA AIR CABIN桜木町駅などになった　1970年10月18日
撮影／荒川好夫

鉄道とともに変わる街の風景

デルタ線を工事中の武蔵野線

ただいま建設中
浦和市西郊にデルタ線

　武蔵野線の建設工事が始まったのは1965(昭和40)年12月17日。1973(昭和48)年4月1日に府中本町駅〜新松戸駅間の本線や西浦和駅〜与野駅間の大宮支線などの区間が開業した。浦和市(現・さいたま市)の西郊には、西浦和駅、田島信号場(現・武蔵浦和駅)、別所信号場を結ぶデルタ線が設けられ、武蔵野線と大宮駅方面を結ぶ列車はどの方面にも向かえるように建設された。また、武蔵野線西船橋駅の南には京葉線の東京駅方面と蘇我駅方面の双方向に向かうデルタ線が建設され、1988(昭和63)年12月1日から乗り入れが始まった。今は当然のように存在し、多彩な運行を可能にしている2つのデルタ線だが、建設当時の周辺はこのような様子だったのだ。

武蔵野線の西浦和駅と与野駅、南浦和駅を結ぶデルタ線建設中の記録。写真奥は南浦和駅方面に向かう高架橋
1971年1月27日　撮影／小泉喬

武蔵野貨物線
建設工事中

首都圏貨物輸送の大動脈
線路敷設前の武蔵野線

　武蔵野線は首都圏の路線の中でも有数の混雑路線として知られる。2000（平成12）年前後の混雑率は常に200％を超えていた。しかしもともとは、山手貨物線を補完する貨物輸送メインの路線として建設された路線だった。東北本線方面と東海道本線方面を結ぶ貨物列車が都心を通らずに行き来できるようにと建設されたのだ。現在も武蔵野線は首都圏貨物輸送の大動脈としての役割を担っている。しかし、武蔵野線の開業によって沿線の宅地化が加速し、写真の大宮支線でも2010（平成22）年12月4日から旅客列車の定期運行が行われている。

中央のトンネルが東北本線の北浦和駅と与野駅の間に姿を現した建設中の武蔵野貨物線。右の列車はEF15形電気機関車が牽引する貨物列車で、昭和のヤード継走式列車らしく、雑多な種類の貨車を連結している　1971年1月27日　撮影／小泉喬

汐留駅の
壮大な駅構内

貨物の拠点駅として君臨
跡地は汐留シオサイトに

　周知のように、汐留駅は日本初の鉄道路線の起点駅、初代新橋駅として1872（明治5）年9月12日（旧暦、新暦10月14日）に開業した。1914（大正3）年12月20日に東京駅が開業すると汐留駅に改称されて貨物駅になった。ちなみに初代新橋駅時代に初めて貨物輸送が行われたのは1873（明治6）年9月15日だ。汐留駅に改称後、同駅は東海道〜九州方面に向かう貨物列車や荷物列車の中核駅としての役割を長く担ったが、1984（昭和59）年2月1日のヤード輸送方式の全廃と1986（昭和61）年11月1日の鉄道荷物輸送廃止を受け、貨物駅の機能を東京貨物ターミナル駅に譲り、114年に及ぶ歴史の幕を閉じた。この壮大な駅構内を知る人も少なくなった。

敷地総面積31haの広大な汐留駅。右側はコンテナ積み卸し線で、その左手から東京市場駅に向かう線路が続いていた。汐留駅では活魚や野菜類は扱っていなかった
1973年4月27日　撮影／河野豊

新幹線工事中の博多駅

在来線拡張用地を流用
新幹線開業後
東口側も発展

　博多駅は1963（昭和38）年12月1日に現在地に移転されて、4面8線の高架駅になった。駅の東側には将来の拡張を想定して2面4線分の敷地が確保されていたが、その場所が新幹線用地となった。山陽新幹線は1972（昭和47）年3月15日に岡山まで、1975（昭和50）年3月10日に博多駅までの全区間が開業している。2011（平成23）年3月12日には九州新幹線の博多駅〜新八代駅間が開業し、博多駅新幹線乗り場が拡張された。博多駅は福岡市街地の東寄りに設けられているため、工事以前は駅西側の博多口側がにぎわいを見せていたが、新幹線開業後は東の筑紫口側にもホテルやショップが多数誕生し、発展しつづけている。

山陽新幹線工事中の博多駅。8番線ホームに到着した20系特急「あさかぜ」や、581系電車、キハ58系気動車の姿が見える。九州新幹線開業時に8番線外側の機回し線部分などを利用して新幹線駅が拡張された 1973年5月　撮影／河野豊

壮大な敷地のある
ターミナルだった
宇野駅

瀬戸大橋開通で連絡船廃止
ローカル線の一終着駅に

　かつて瀬戸内海には本州と四国を結ぶ多数の航路が設定されていた。その中で、宇野駅と高松駅を結ぶ宇高航路線は最も利用者が多く、3000t

級の車両航送船が就航していた。宇野駅は四国へのゲートウェイとしての役割を担っており、広大な構内には何本もの線路が配され、東京駅や新大阪駅などから直行する特急が何本も設定があり、長大な貨物列車も行き来していた。また1972（昭和47）年4月

1日までは玉野市電気鉄道も乗り入れていた。しかし、1988（昭和63）年4月10日に瀬戸大橋が開通し本四備讃線が開業すると宇高航路線は廃止され、宇野駅はローカル線の一終着駅になった。当時2面4線あった旅客用ホームは1面2線に縮小された。

広大な構内で活況を見せていた当時の宇野駅。停車中の列車は東京発の特急「瀬戸」で、沖に浮かぶ船は宇高航路線の「伊予丸」3083.76t
1975年7月29日
撮影／河野豊

夜の新鶴見
操車場

東の新鶴見、西の吹田
日本を代表する巨大操車場

　新鶴見操車場は1929(昭和4)年8月21日、東海道本線の支線である品鶴線の品川〜新鶴見操車場〜鶴見

間が開業した際に同時に開設された。1976(昭和51)年3月1日には府中本町駅と鶴見駅を結ぶ武蔵野線が開通。新鶴見操車場は「東の新鶴見」「西の吹田」と称された日本を代表する操車場で、最盛期には1000人の職員が24

時間体制で1日あたり6000両とも
8000両ともいわれる膨大な数の貨
車をさばいていた。1984（昭和59）
年1月31日をもって、ヤード集結型
貨物輸送の終結に伴い、新鶴見信
号場に格下げとなる。かつて80ha

あったという操車場の敷地の半分
ほどは更地のまま放置されていた
が、2000年代に入ると再開発によ
り慶應義塾大学や研究機関、商業
施設などの建設が始まった。

新鶴見操車場の夜の威容。
夜間照明に煌々と輝く。貨車
の組み替え作業は24時間体
制で行われていた。ハンプを
下る中央の貨車に注目
1976年初夏　撮影／小野純一

仙台駅前を走る
仙台市交通局の市電

毎日10万人を運んだ市電
50年の歴史に幕を下ろす

　昭和40年代前後までは日本各地で路面電車が走っていた。県庁所在地クラスの都市では路面電車が走っていないほうが珍しかった。しかしモータリーゼーションの波に飲み込まれ、日本最古の電車だった京都市電も1978（昭和53）年に廃止となった。仙台市電は1926（大正15）年11月25日に開業し、仙台駅前〜大学病院前〜二日町〜花京院〜仙台駅前と市内中心部を周回する循環線を核として、八幡神社前、北仙台駅前、長町駅前、原町駅前と四方に路線を伸ばしていた。最盛期には1日10万人近い市民などを運んだが、1976（昭和51）年3月31日に全線廃止され、街は姿を大きく変えた。写真は約半世紀前の仙台の街を呼び起こし、記憶に留める1枚だ。

北目町通付近を走る仙台市交通局1系統長町行きの400形405号。同形の415号は仙台市電最後の新造車で、仙台市電保存館で静態保存されている
1975年4月20日　撮影／荒川好夫

京阪電車が地上を走っていた
五条〜七条間

車窓の眺めはよかったが
渋滞解消のために地下線化

　京阪本線の七条駅〜三条駅間は鴨川左岸の土手を走っていた。車窓からは桜や新緑、鴨川の納涼床、紅葉、雪景色など、京都らしい四季の移ろいを楽しむことができた。しかし、鴨川の氾濫で被害を受けたこともあり、ホームは幅が狭く、鴨川の上に張り出して設けられていた。何より、路線が四条通り、五条通り（国道1号）、七条通りと平面交差していたため、慢性的な渋滞に悩まされていた。そこで1987（昭和62）年5月24日、東福寺駅〜三条駅間が地下新線に切り換えられた。なお、京阪本線は軌道として建設され、東福寺駅以南の区間は早々に地方鉄道線になったが、東福寺駅〜三条駅間が軌道から鉄道に変更されたのは2013（平成25）年12月20日のことだ。

鴨川に沿った五条駅（現・清水五条駅）〜七条駅間を走る初代3000系特急電車と浅瀬を渡る少女たち。京阪線が地下化された後、路線跡は川端通りになった　1976年7月15日　撮影／荒川好夫

東急文化会館が
あった頃の
渋谷駅

わずかな期間に大変化
鉄道が変われば街も変わる

　大都市は日々刻々と姿を変える。新駅開業や路線の高架化、地下化といった鉄道の変化が加わると、周囲の街までもが大きく変わることになる。写真の渋谷駅は1975(昭和50)年の撮影。EF13形電気機関車の向こう側は渋谷貨物駅だった。1980(昭和55)年10月1日に渋谷の貨物扱いは終了し、貨物駅跡地に埼京線のホームが設けられた。延伸決定時は「埼京線が渋谷まで来る」と話題になることしきりだった。後方に見える東横線は地下化された。今、跡地には高さ229mの展望施設SHIBUYA SKYが聳えている。ビルの間に見えるドームは東急文化会館のプラネタリウムだが、東急文化会館はもう存在しない。奥の銀座線渋谷駅は明治通りの上に移動した。

手前の電車は山手線103系、奥は東急8000系、さらに遠くに銀座線2000形が見える。ともに撮影当時の主力車両だった。山手線103系は1988(昭和63)年に、東急8000系は2008(平成20)年に、銀座線2000形は1993(平成5)年に運用が終了した
1975年3月5日　撮影／荒川好夫

まだスカイラインに
余白があった頃の浜松町駅

ビルの谷間に埋もれゆく駅
SFのような変化が続く

　浜松町駅周辺も都市景観が大きく変化した地域だ。撮影時と現在とてもっとも差異が大きいのは、スカイラインの眺めかもしれない。写真では浜松町駅の背後にも東京モノレールの背後にも目立つ建物はなく、空が広い。撮影からほどなくして、東京ガス本社ビル、浜松町ビルディングなど、あたり一帯に次々に高層ビルが出現した。この付近で変わらない存在は東海道新幹線(左側の路線)の左手(写真外側)にある浜離宮恩賜庭園くらいか。浜松町駅周辺の変化は今も続いている。長く浜松町の象徴だった世界貿易センタービルの建て替えが始まり、ずらりと並んだ全線路をまたぐ浜松町駅東西自由通路建設なども予定されている。

手前の列車はEF65形電気機関車15号機が牽引する東海道貨物線のコンテナ列車。浜松町駅に停車中の電車は京浜東北線の103系電車で、青22号と黄緑6号の混色編成。東京モノレール100形の姿も見える　1972年夏頃
撮影／荒川好夫

6章

国鉄消滅の瞬間を撮った

日本国有鉄道は 1949 年 6 月 1 日に独立採
算制の公共企業体として発足して以来、足
かけ 38 年にわたって日本国内交通の要とし
て多数の旅客や貨物を運んだ。1987（昭和
62）年 3 月 31 日に最後の日を迎え、翌 4
月 1 日から事業は JR7 社に継承された。

さようなら国鉄
「旅立ちJR西日本号」

さようなら国鉄を掲げて
22時13分に東京を出発

　1987（昭和62）年3月31日国鉄最後の日、民営化後のJR旅客会社6社の名前を冠した6本の「旅立ちJR号」が、東京駅と上野駅からそれぞれの本社所在地駅へ向けて出発した。「旅立ちJR西日本号」の牽引機はEF65形1134号機で、12系客車が5両連結された編成の最後尾には、かつて特急「つばめ」で使用されていた1等展望車マイテ49形2号復元改造車が連結され、キャンペーンガールが乗車した。「旅立ちJR西日本号」は国鉄の東京駅を22時13分に出発し、翌4月1日の7時34分、JR西日本の大阪駅に到着した。

　なお、JR東日本の本社は東京だったので、「旅立ちJR東日本号」は東北地域本社所在地の仙台駅に向けて運転された。

マイテ49形展望車を連結した華やかな「旅立ちJR西日本号」。行燈式テールマークには「さようなら 国鉄」の文字と日本列島の上を飛び去るJNRマーク入りのつばめが描かれていた
1987年3月31日　撮影／荒川好夫

さようなら国鉄「旅立ちJR九州号」が
最初に東京駅を出発

新生JR各社に向けて
「旅立ちJR号」が出発

「旅立ちJR九州号」は、東京駅から
JR九州本社所在地の博多駅に向けて
出発した。列車は東京駅16時43分発
で、東京駅発の「旅立ちJR号」で最
初の出発だったことから、出発式に
は杉浦総裁が出席した。「旅立ちJR
九州号」の東京駅〜下関駅間はEF65
形1129号機、下関駅〜門司駅間は
EF81形414号機、門司駅〜博多駅間
はED76形94号機が牽引し、編成に
はお座敷列車「山編成」が用いられた。
博多駅に到着したのは翌朝の9時16
分だった。

　最初に上野駅を出発した列車は
「旅立ちJR北海道号」で、13時30分
にぶどう色のEF58形89号機に牽引
されて出発し黒磯駅からはED75形
1036号機で青森までけん引、東北本
線〜青函連絡船に乗り替えてJRの青
函連絡船になって初便101便「檜山
丸」に乗船し函館へ。函館本線キロ
59形お座敷列車「くつろぎ」にと引き
継がれ、4月1日9時2分に札幌駅に到
着した。

東京駅10番線で行われた「旅立ちJR九
州号」出発式の様子。「旅立ちJR号」で、
杉浦喬也国鉄総裁から新会社社長への
メッセージが入った卵と鍵が運ばれた
1987年3月31日　撮影／高木英二

国鉄最後の新駅
仙石線東矢本駅が3月31日に開業した

仙石線の小さな駅が
国鉄最終日に開業

　仙石線矢本駅〜陸前赤井駅間に設けられた東矢本駅は、有効長90mの単式ホーム1面1線の無人駅だ。各停しか停まらない地味な駅だが、国鉄最終日に開業した国鉄最後の新駅として、鉄道史に名を刻むことになった。

　仙石線は宮城電気鉄道によって建設された路線で、1928（昭和3）年11月22日に全線開業し、1944（昭和19）年5月1日に国有化された。宮城電気鉄道は直流電化で建設したので、JR東日本の東北地方の路線では今も唯一の直流電化路線であり、写真の103系などの直流形電車が用いられてきた。

　2011（平成23）年3月11日の東北地方太平洋沖地震で仙石線は大きな被害を被ったが、4カ月後の7月16日に矢本駅と石巻駅の間は気動車運転で再開された。

地元の子どもたちから運転士と車掌へ花束を贈呈。電車は103系。「祝　東矢本駅開業」の看板には、国鉄の名もJR東日本の名も書かれていない　1987年3月31日
撮影／松本正敏

国鉄最終日に駅名が改称された秋川駅

3月31日に橋上駅舎完成
西秋留駅から秋川駅に

秋川駅は、あきる野市にあるJR東日本五日市線の駅だが、駅も五日市線も市も、これまで複雑な変容を遂げてきた。秋川駅は1925（大正14）年4月21日に五日市鉄道の拝島駅〜五日市駅間が開通した際、西秋留駅として開業した。五日市鉄道は1940（昭和15）年10月3日に南武鉄道五日市線になったが、1944（昭和19）年4月1日に国有化された。あきる野市は西秋留村から秋多町へ、そして1972（昭和47）年5月5日の市制施行により秋川市になった。1987（昭和62）年3月31日、国鉄最後の日には、秋川市中心に位置し市役所の最寄り駅だった西秋留駅が国鉄秋川駅に改称して橋上駅になった。その後、平成になって秋川市は五日市町と合併してあきる野市になった。

国鉄最後の日に秋川駅に改称された元西秋留駅。歩行者専用通路、駅橋上本屋完成および駅名改称の記念式典の様子1987年3月31日　撮影／森嶋孝司

特急車両から
JNR マークがはがされた

国鉄のシンボル
JNRマークを取り外す

　国鉄を表すマークとしては、工部省時代の「エマーク」や鉄道院時代の「動輪マーク」が使われてきた。JNRマークは国鉄のシンボルマークの一つで、1958（昭和33）年11月1日に運転を開始した151系特急「こだま」の車体側面の運転席下に取り付けられたのが始まりだった。その際ボンネット

の前端には「Tokkyu」の「T」の字をデザインしたTマークが取り付けられた。JNRマークとTマークは優れたデザインとして高い評価を得て、特急のシンボルとして国鉄最後の日まで用いられた。JNRマークは、特急ばかりでなく、地下鉄乗り入れを行う103系1000番代や203系などの通勤形電車でも使用されていたが、JR化に際しすべて取り外された。

国鉄吹田工場で381系100番代特急形電車のJNRマークをはがす検修係。JNRマークは「スタイリッシュ」「スピード感がある」と好評だった　1987年3月6日
撮影／高木英二

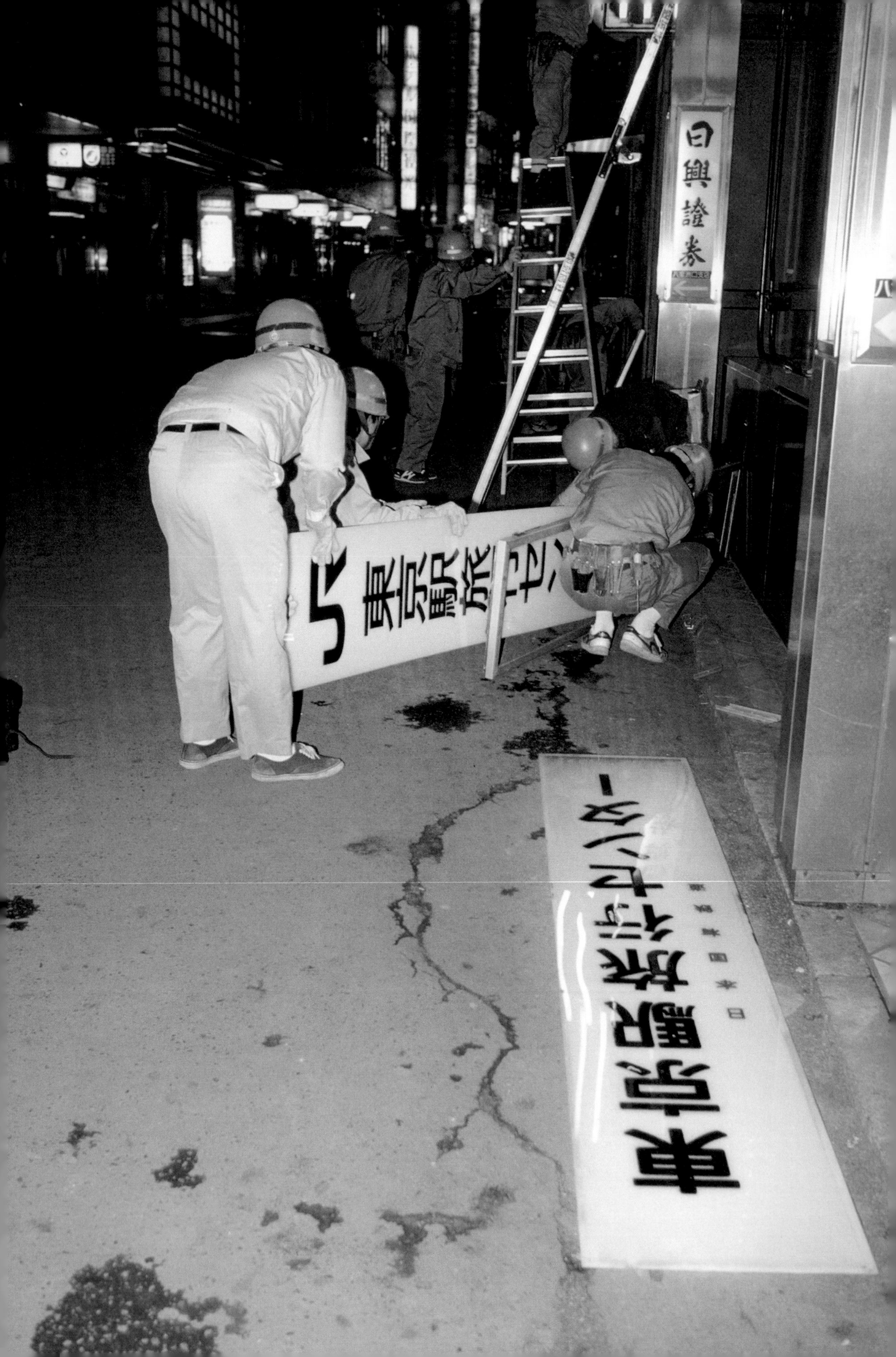
日興證券
東京駅旅行センター

東京駅旅行センターでも
日本国有鉄道からJRの看板に

国鉄からJRへの変更が
国鉄関連各社でも行われた

「JNR」は日本国有鉄道の英語表記「Japanese National Railways」の略称だ。1987（昭和62）年3月31日には、国鉄本体ばかりでなく国鉄関連企業でもJNRや日本国有鉄道表記の看板がJRに差し替えられた。列車旅の手配を行う駅の旅行センターでも、看板のかけ替えなどの作業が夜を徹して行われた。昭和の時代、個人でも家族でもグループでも、旅については駅の旅行センターや旅行代理店の窓口に行って対面で相談するのが一般的だった。後年、世情の変化により旅行センターの閉鎖が相次ぎ、現在JR東日本の駅構内にある旅行センター＜びゅうプラザ＞は、上野駅や品川駅など14カ所を残すのみとなった。

全国で夜を徹して行われた、名称変更による看板のかけ替え作業。東京駅旅行センターでも3月31日の営業時間終了後に作業が行われた　1987年3月31日
撮影／森嶋孝司

上野駅のきっぷ券売機にも
JR線の文字が

全ての「国鉄」を「JR」に
駅構内の隅々まで変更された

　JR移行前の夜のひと晩で、「国鉄」の文字を消したり外したりして「JR」に変える。準備は事前から行われており、大勢の作業員が動員されたが、並大抵ではない作業量だ。東京駅、上野駅、新宿駅などの巨大な駅には「国鉄」の文字がどれだけあっただろう。膨大な数の券売機、乗り場や乗り換えの案内表示、改札口周辺、ホーム、待合室。至るところに「国鉄」の文字が記されていた。外部の作業員には任せられず、職員自らが行わなければならない作業も多かったという。国鉄本社正面入り口の「日本国有鉄道」の銘板も新会社への移行を前に取り外された。ただ、JR東日本とJR東海のどちらが担当だったかは不明だが、東京駅新幹線改札口の「国電のりかえ口」の案内板はしばらくの間そのまま残っていた。

1台ずつ手作業で近距離きっぷ券売機の国鉄表示をJR線表示に差し替えていく職員。24番はまだ「国鉄」、25番は「JR線」
1987年3月31日　撮影／高木英二

仙台駅で
国鉄の終電が
見送られた

国鉄最後の日
惜別のさよなら終列車

　かつて常磐線には仙台以北へ、その先へと向かう優等列車が多数行き交っていた。旧国鉄色の特急「はつかり」の姿を思い起こす人も多いのではないか。しかし、東北新幹線大宮駅～盛岡駅間開業、上野駅延伸によって、常磐線の仙台寄りの区間を走る優等列車は激減し、455・457系電車を用いた各停が運行の中心となった。写真の仙台発常磐線に向かう国鉄の最終列車もクハ451形が先頭だった。東北新幹線の上り最終列車は盛岡駅発の「やまびこ」。200系新幹線電車の正面に「サヨナラ国鉄」の文字と動輪が描かれ、20時13分に国鉄列車として出発した。これらの記念式典は国鉄仙台鉄道管理局や盛岡鉄道管理局が主催したが、4月1日、両管理局とも東日本旅客鉄道東北地域本社の支店になった。

仙台駅で催された「さようなら国鉄」のイベント後、常磐線に向かう最終電車。駅長の晴れやかな表情が印象に残る
1987年3月31日　撮影／松本正敏

「旅立ち JR 西日本号」車内では
24時に JR 化の歓迎式が始まった

「旅立ち JR 西日本号」は
熱海駅で JR 西日本に

「旅立ち JR 号」は 6 本すべてが 1987（昭和62）年 3 月 31 日から 4 月 1 日にかけて運行された夜行列車だったが、車内で眠る人はほとんどいなかった。乗客は 24 時になるのを待ち構えていたのである。東京駅を 22 時 13 分に出発した「旅立ち JR 西日本号」は、JR 東日本と JR 東海の境界となる熱海駅で 4 月 1 日の 0 時を迎えた。車内ではくす玉が割られて、乗客全員で JR 西日本の誕生の瞬間を祝い、そのまま JR 化の歓迎式へと進んで盛り上がった。バブル景気華やかなりし頃、乗客の表情が明るい。ほかの「旅立ち JR 号」でも同じ瞬間にそれぞれの JR 各社誕生を祝うさまざまな車内イベントが催された。

4月1日0時ジャスト。その瞬間、JR西日本の誕生を祝してくす玉が割られ、車内は歓声に包まれた　1987年4月1日　撮影／森嶋孝司

深夜、山手線電車に
JRのステッカーが貼られる

通勤電車の運転席の窓下に
JRマークが貼られた瞬間

　国鉄最後の日を迎える1週間ほど前から、「さよならJNR」のヘッドマークがついた列車が各地を走りだした。山手線103系や中央線201系などの国電も「1987 3月31日 さようなら JNR 日本国有鉄道」のヘッドマークを掲げて都内などを走った。4月1日に

なると「1987 4月1日 こんにちはJR JR東日本」ヘッドマークに切り替わった。そのヘッドマークの近く、運転席のちょうど下には、それまでなかった「 JR 」の白いステッカーが貼られるようになった。このJRの車両マーク貼り付けは31日の運用を終えて電車区に戻った車両から次々に行われ、4月1日の始発から各路線に登場し、乗客や沿線住民に新生JRをアピールした。

山手線の車両基地山手電車区（現・東京総合車両センター）で山手線車両にJRのステッカーを貼る職員
1987年4月1日　撮影／荒川好夫

JR東日本の1番列車の出発式

仙台駅で行われたJR東日本の出発式。
仙台といえば伊達政宗。ヘッドマークに
はJRの文字と伊達政宗の騎馬像が描か
れていた　1987年4月1日
撮影／松本正敏

1番列車で
新生JRをアピール

　東北新幹線や東海道新幹線では、
国鉄としての最終列車やJRの1番列
車は決定しやすかったが、在来線の
場合、どの列車が最終でどの列車が
1番かを決めるのは難しかった。東京、
大阪など、大都市の通勤電車路線で
は終電は25時前後まで走っているし、
始発電車は4時半前後から動きだす。
当時は夜行の特急列車や急行列車も
数多く走っていたので、国鉄の駅から
乗車してJRの駅に降り立ったという
乗客も多かった。それでも、全国の多
数の路線でJRの1番列車の出発式が
催された。「もう国鉄ではない」とい
う一抹の寂しさと、地域の公共交通を
担う自負と気概と。新生JRの門出に
は、各地方でその土地らしい工夫とア
ピールが見られた。

169

JR東海の出発式は
東京駅東海道新幹線ホームで

世界屈指の高速鉄道
東海道新幹線の旅立ち

　1987（昭和62）年4月1日、JR東海の出発式は本社がある名古屋駅ではなく東京駅の東海道新幹線ホームで行われた。これはもちろん東海道新幹線がJR東海の所属路線になったからで、東海道新幹線がJR東海の花形列車になることが想定されたためだ。当日の朝、東海道新幹線の1番列車100系「ひかり1号」で行われた出発式では、栄えある1番列車の乗務員や駅長によってテープカットが行われ、くす玉が割られた。東海道新幹線はJR東海の思惑どおりに進化を続け、現在では1日あたり300本以上の列車が最短3分間隔で運転され、年間1億5000万人もの乗客を運ぶ。年間の収入は1兆2000億円（JR東海総収入の90％超）と、世界でも類のない高速鉄道になった。

4月1日朝、「ひかり1号」の出発式。くす玉は金色、100系新幹線電車の特徴ある「シャークノーズ」の先端には「よろしくJR」と記されている　1987年4月1日
撮影／高木英二

鉄道警察隊の誕生

鉄道公安は
鉄道警察隊になった

　戦後の混乱期には列車内や駅での置き引き、すり、荷物の抜き取りなどが頻発していた。そこで鉄道周辺の犯罪防止のために、日本国有鉄道発足に伴って国鉄本社内に「鉄道公安局」が設けられ、各地の主要駅に「鉄道公安室」が置かれた。「鉄道」と「公安」との組み合わせは耳目を集め、「鉄道公安36号」や「鉄道公安官」など、鉄道公安官が列車内や駅周辺で活躍するドラマが放送されて人気を博した時代もあった。

　しかし国鉄分割民営化の際には鉄道公安制度の今後が問われ、鉄道公安官はJRと警察のどちらに所属するかの選択を迫られた。結局国鉄の鉄道公安組織は解散となり、その業務は各都道府県警察に新設された鉄道警察隊が引き継ぐことになった。

東京駅の警視庁鉄道警察隊東京分駐所玄関前の鉄道警察官。この日から国鉄ではなく、警視庁に所属することになった
1987年4月1日　撮影／高木英二

写　真

レイルウエイズグラフィック

鉄道写真に特化したフォトライブラリー。
旧国鉄本社広報部の専属カメラマンと
して国鉄が民営化した直後まで広報・
宣伝用写真撮影に従事した、代表の荒川
好夫氏が撮影し続けてきた写真を中心に、
昭和から現代に至るまでの豊富な鉄道写
真をストックする。特に国鉄時代の写真の
数々は、今となっては見ることのできない
貴重なものが多く、記録資料としての価値
も高い作品を数多く未来へ伝える。本書
のシリーズ『滅びゆく鉄道名場面』・『失わ
れゆく国鉄名場面』（天夢人刊）でも写真
協力をしている。

http://rgg-photo.net/

消え果てた
昭和の鉄道名場面
激動の国鉄・私鉄の写真記録

2023年9月21日　初版第1刷発行

STAFF

編　　　集　　真柄智充(「旅と鉄道」編集部)

デ ザ イ ン　　安部孝司

写　　　真　　レイルウエイズグラフィック

　　文　　　西森　聡

校　　　正　　木村嘉男

編　　　者　「旅と鉄道」編集部
発　行　人　藤岡　功
発　　　行　　株式会社 天夢人
　　　　　　　〒101-0051　東京都千代田区神田神保町1-105
　　　　　　　https://www.temjin-g.co.jp/
発　　　売　　株式会社 山と溪谷社
　　　　　　　〒101-0051　東京都千代田区神田神保町1-105
印刷・製本　　大日本印刷株式会社

■内容に関するお問合せ先
「旅と鉄道」編集部　info@temjin-g.co.jp　電話 03-6837-4680
■乱丁・落丁のお問合せ先
　山と溪谷社カスタマーセンター　service@yamakei.co.jp
■書店・取次様からのご注文先
　山と溪谷社受注センター　電話 048-458-3455　FAX 048-421-0513
■書店・取次様からのご注文以外のお問合せ先
　eigyo@yamakei.co.jp

懐かしい鉄道シーンが蘇る!

滅びゆく鉄道名場面

トレインマークの交換や、第一種踏切を上げ下げする保安係、駅構内にあった吊り下げ式の発車案内板、サボ収納室、「パタパタ」式発車案内装置、硬券ホルダーなど、かつては当たり前にあった鉄道の名場面を、鉄道に特化したフォトライブラリー「レイルウエイズグラフィック」所有の写真で振り返る一冊。

「旅と鉄道」編集部 編　B5判・192頁・2530円

失われゆく鉄道名場面

今となっては失われてしまった、おおらかだった昭和の鉄道シーンを、国鉄公式カメラマンとして撮影し続けた「レイルウエイズグラフィック」所蔵の写真とともに振り返ります。鉄道員たちの働く姿あり、大人気だった名列車あり、アナログだった時代の鉄道システムなど時代を象徴する鉄道の名場面が満載の一冊。

「旅と鉄道」編集部 編　B5判・192頁・2530円

今ではありえない鉄道迷場面

かつて鉄道には、今では信じられないような光景が繰り広げられていた。あまりの混雑にドアを開けながら走った衝撃的な光景や、複数の行先の急行がひとつの列車として走った多層建列車など、かつては当たり前だったけれども、もう見ることのできなくなった鉄道の"迷"場面を写真とともに振り返ります。

「旅と鉄道」編集部 編　B5判・176頁・2530円

名車両を記録する「旅鉄車両ファイル」シリーズ

旅鉄車両ファイル ②　佐藤 博 著／B5判・144頁・2750円
国鉄 151系 特急形電車

1958年に特急「こだま」でデビューした151系電車(登場時は20系電車)。長年にわたり151系を研究し続けてきた著者が、豊富なディテール写真や図面などの資料を用いて解説する。先頭形状の変遷を描き分けたイラストは、151系から181系へ、わずか24年の短い生涯でたどった複雑な経緯を物語る。

旅鉄車両ファイル ⑤　「旅と鉄道」編集部 編／B5判・144頁・2750円
国鉄 EF63形 電気機関車

信越本線の横川〜軽井沢間を隔てる碓氷峠。66.7‰の峠を越える列車には EF63形が補機として連結された。本書では「碓氷峠鉄道文化むら」の動態保存機を徹底取材。豊富な写真と資料で詳しく解説する。さらに、ともに開発された EF62形や碓氷峠のヒストリーも収録。

旅鉄車両ファイル ⑥　「旅と鉄道」編集部 編／B5判・144頁・2750円
国鉄 キハ40形 一般形気動車

キハ40・47・48形気動車は、1977年に登場し全国の非電化路線に投入。国鉄分割民営化では旅客車で唯一、旅客全6社に承継された。本書では道南いさりび鉄道と小湊鐵道で取材を実施。豊富な資料や写真を用いて本形式を詳しく解説する。国鉄一般形気動車の系譜も収録。

旅鉄車両ファイル ⑦　後藤崇史 著／B5判・160頁・2970円
国鉄 581形 特急形電車

1967年に登場した世界初の寝台座席両用電車。「月光形」と呼ばれる581系には、寝台と座席の転換機構、特急形電車初の貫通型という2つの機構を初採用した。長年にわたり研究を続けてきた著者が、登場の背景、複雑な機構などを踏まえ、その意義を今に問う。

旅鉄車両ファイル ⑧　「旅と鉄道」編集部 編／B5判・144頁・2860円
国鉄 205系 通勤形電車

国鉄の分割民営化を控えた1985年、205系電車は軽量ステンレス車体、ボルスタレス台車、界磁添加励磁制御、電気指令ブレーキといった数々の新機構を採用して山手線にデビューした。かつて首都圏を席巻した205系も残りわずか。新技術や形式、活躍の足跡をたどる。

旅鉄車両ファイル ⑨　高橋政士 著／B5判・144頁・2970円
国鉄ED75形電気機関車

交流電化の一つの決定版となった機関車が1963年に登場したED75形。主に東北地方に投入され、東北本線・常磐線・奥羽本線などで活躍をしたほか、北海道仕様、九州仕様も登場。ED75形の開発の経緯、登場の背景などを紹介するほか、現存する実車の取材記事、制御方式から見た交流電気車の発展をたどる。

発行:天夢人　発売:山と溪谷社　　　　　　価格はすべて10%税込